怪しい噂の真相

禁断の雑学

黒い雑学研究会 編

彩図社

はじめに

世の中には、嘘かまことかわからない〝怪しい噂〟があふれている。猟奇的事件、ＵＦＯ目撃情報、危険な科学実験など、話題性のある噂は絶えない。

もちろん、大半はインターネットなどで尾ひれのついた、デタラメか真偽不明の情報だ。だが、そんな怪しい噂の中にも事実は少なからず含まれており、作り話のような事件が実際に起きていた。

例えばアメリカでは、放射性物質が雑に扱われて事故が起きたり、シロップの貯蔵庫が壊れて街が壊滅状態に陥ったりと、嘘のような事件が本当に起きている。日本でも、憲法草案が泥棒に盗まれたり、裁判所が超能力を認めたりと、意外な出来事が起きていた。

一方で、事実と思われていたことが実は誤りだったということも、少なくない。健康効果を謳った食品や運動などは、そのいい例だ。

「イライラするときはカルシウムが不足している」とよくいわれるが、実際には、イラつきと体内のカルシウム濃度は無関係だ。さまざまな健康効果が喧伝されるポリフェノールも、実は種類が非常に多く、それぞれが人体にどのような影響を及ぼすのか、詳しいことはわかっていない。また、スポーツ前にストレッチをすれば体がほぐれるイメージがあるが、リラックスしすぎて運動効果が悪くなるという調査もある。

さらに、当たり前の受け入れている文化や伝統についても、実は歴史の浅いケースが多々ある。黒い喪服が一般的になったのは太平洋戦争中であり、年末の風物詩である除夜の鐘も、現在の形式は戦後になって定着したものだ。

本書はこうした、怪しい噂の数々を紹介した一冊だ。「日常」「事件・結社」「歴史・地理」「文化・伝統」「科学」「法律・制度」という、六つのテーマごとに章を分けた。幅広く項目を集めたので、ざっと目を通してもらうだけでも、意外な事実を知ることができるはずだ。気になる章や項目があれば、まずはそこから気軽に読んでいただきたい。

当たり前のように信じていたことが、実は根拠があいまいだった。そんな驚きを体験してもらえると幸いである。

怪しい噂の真相　禁断の雑学　目次

はじめに —— 2

1章　日常編

BMIで肥満の度合いを判定できる? —— 14
マッサージ直後に眠ると体が楽になる? —— 15
酸素カプセルは体にいい? —— 16
血圧が正常値であれば健康的? —— 17
靴下を履いて寝ると安眠できる? —— 18
起床直後の水分補強は体にいい? —— 19
エナジー系飲料は疲労回復に役立つ? —— 20
カルシウムが不足するとイライラする? —— 21
ポリフェノールは血流をよくする? —— 22
ブルーベリーを食べれば視力向上が期待できる? —— 23
卵を食べすぎると生活習慣病になる? —— 24
ウナギの刺身が売られないのはなぜ? —— 25
ゴボウはアク抜きをするとおいしい? —— 26
ビールにはプリン体が多い? —— 27
休肝日で飲酒のダメージを回復できる? —— 28
胃もたれも胸やけも同じ薬で大丈夫? —— 29
食後のデザートで栄養を補給できる? —— 30
「甘さ控えめ」は糖分が少なく健康的? —— 31
酵素食品は寿命を延ばす? —— 32
空腹なら食べ放題で多く食べられる? —— 33
食後すぐに歯を磨くと歯が傷つく? —— 34
リップクリームは頻繁に使った方がいい? —— 35
食後にはナプキンをたたむのがマナー? —— 36

運動前のストレッチで効率よく体が動く？ 37
1日1万歩のウオーキングは体にいい？ 38
健康を意識するなら軽い靴で運動すべき？ 39
救急車は誰でも無料で呼ぶことができる？ 40
空気清浄機はリビングや寝室に置くと効果的？ 41
フローリングの掃除に重曹は使えない？ 42
ペーパーモップは四隅からかけると効率的？ 43
消臭除菌スプレーを部屋にまくと除菌可能？ 44
トイレのふたを閉めて流した方がいい？ 45
トリートメントを塗ったら放置した方がいい？ 46
エアコンはこまめにとめると節電できる？ 47
充電池は使い切って充電しないと寿命が縮む？ 48
夾竹桃は環境にやさしい植物？ 49
火事のときは濡れたハンカチが必須？ 50
練炭自殺は手軽で楽に死ねる？ 51
オシドリの夫婦は一生を添い遂げる？ 52
クマに遭遇したら死んだふりが有効？ 53
ウサギは繁殖力が強い？ 54
パンダを繁殖させるための秘策とは？ 55

2章 事件・結社編

原子力実験ができるおもちゃがあった？ 58
機械のせいで核戦争寸前になったことがある？ 59
ボストンが崩壊しかけたことがある？ 60
アメリカで唯一未解決のハイジャック事件とは？ 61
炭鉱の町セントラリアはなぜ人が住めなくなった？ 62
ロレットチャペル教会の奇跡の階段は何がすごい？ 63
爆発事故に見舞われた教会に起きた奇跡とは？ 64
映画「悪魔の棲む家」にはモデルの事件がある？ 65

トルクメニスタンの地獄の門はなぜ炎が出る?――66
少女をかたどった墓に起きた不思議な現象とは?――67
ヨーロッパに現れた緑色の子どもの正体は?――68
「ハーメルンの笛吹き男」は実在していた?――69
中世ヨーロッパで集団が踊り出す事件が起きた?――70
インドにはオオカミに育てられた少女がいた?――71
米軍がUFOを回収したと発表したことがある?――72
UFO事件の調査委員会MJ・12は実在する?――73
かつてワシントンDCにUFOが押し寄せた?――74
アメリカには宇宙人の実験場エリア51がある?――75
飛行中に宇宙人に誘拐された男がいる?――76
家畜の血が抜き取られる現象は宇宙人の仕業?――77
アカシックレコードは宇宙と人類の時を記録?――78
スピリチュアルブームはどのように生じた?――79
大日本帝国憲法は盗まれたことがある?――80
裁判で超能力者か否か争われた女性がいる?――81
八つ墓村のモデルになった事件がある?――82
クマが人を襲った札幌丘珠事件はなぜ有名になった?――83
終戦直後に天皇を自称した男がいる?――84
被害者も加害者も死んだ事件がある?――85
中世ドイツの権力集団聖フェーメ団の怖さとは?――86
イエズス会は布教に熱心な穏健な組織だった――87
オプス・デイは中世社会の復帰が目的の怪しい組織?――88
国としても扱われるマルタ騎士団とは?――89
サイエントロジーは科学に基づく宗教?――90
南米にあるナチス残党の秘密組織とは?――91
東ドイツのシュタージが恐れられた理由とは?――92
イタリアでテロを主導した極右組織とは?――93
中国版フリーメイソンと呼ばれる洪門とは?――94
中国では反乱組織が王朝を築いた?――95

テロ未遂で死刑になった無政府主義グループとは？―― 96
日本軍の諜報力は欧米に劣っていた？―― 97

3章 歴史・地理編

縄文人は狩猟と採集で生計を立てた移動民？―― 100
蘇我入鹿・蝦夷親子は悪人だった？―― 101
南北朝の対立は足利義満の時代に解消された？―― 102
戦国時代は応仁の乱を機に始まったのではない？―― 103
伊勢神宮は皇祖神を祀る地として敬われてきた？―― 104
斎藤道三は油売りから大名にまでのぼりつめた？―― 105
忍者は主君に忠誠を誓った影の存在？―― 106
長篠の戦いの敗北が原因で武田家は滅んだ？―― 107
土砂に飲み込まれて消滅した城がある？―― 108
関ヶ原の戦いはたった半日で終結した？―― 109
江戸時代の天皇は幕府のいいなりだった？―― 110
孝明天皇は幕府との融和を説いたから暗殺された？―― 111
旧式装備のせいで幕府は鳥羽伏見の戦いに敗れた？―― 112
太平洋戦争で計画された幻の本土決戦作戦とは？―― 113
昭和天皇は軍部に操られていた？―― 114
東京タワーの材料として米軍の戦車が使われた？―― 115
世界4位の湖が干上がった原因は？―― 116
エベレストで死ぬと死体はどうなる？―― 117
ギロチンは残忍な器具として恐れられた？―― 118
富士山が日本一の山ではなかった時期がある？―― 119
特攻兵器は日本以外でも造られていた？―― 120
海か湖かで周辺国がモメた場所がある？―― 121
アザラシの腹に海鳥をつめる発酵料理がある？―― 122
緑豊かな土地だったからグリーンランド？―― 123

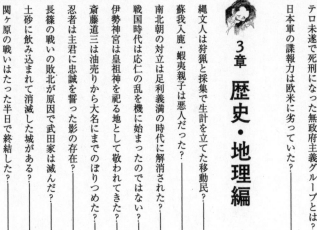

4章 文化・伝統編

4章 文化・伝統編 ―― 125
なぜシェイクスピアがいなかったといわれる？ ―― 126
思想家ルソーは先進的で人間的に優れていた？ ―― 127
ガンジーは禁欲を宣言してその生活を守り続けた？ ―― 128
モーツァルトは「うんこ」好きだった？ ―― 129
近代科学の父ニュートンは理性を最も重視した？ ―― 130
サディズムはサド侯爵の性格に由来する？ ―― 131
明治の文豪・泉鏡花は感受性豊かで繊細だった？ ―― 132
耽美的な作風で知られる永井荷風の原動力とは？ ―― 133
徳川家康が敗北を忘れないよう描かせた絵がある？ ―― 134
ペルーで1年に一度ある殴り合い祭りの目的は？ ―― 135
メキシコの爆弾を使う祭りとは？ ―― 136
スペインには闘牛以外も馬の祭りが多い？ ―― 137
ネコのぬいぐるみを投げ落とす祭りの由来は？ ―― 138
インドのジャーム川で開催 死傷者続出の祭りとは？ ―― 139
インドのセンチネル族が危険とされるのはなぜ？ ―― 140
アフリカのキユク族に会うと唾をかけられる？ ―― 141
タンザニアではアルビノの死体が闇取引されている？ ―― 142
エイズで亡くなった人を展示する寺がタイにある？ ―― 143
琉球の女性が憧れた入れ墨の意味とは？ ―― 144
切腹は武士が名誉を守るために始めた？ ―― 145
江戸時代の日本では心中がブームになった？ ―― 146
紙を食べる文化が日本にはあった？ ―― 147
男子禁制の地が日本にある？ ―― 148
ソメイヨシノは日本古来の桜？ ―― 149
鯉のぼりは鯉の家族を模した鮮やかな旗？ ―― 150
除夜の鐘は年末年始を知らせる日本の伝統？ ―― 151
5月5日は男児の健康を願う日本の伝統？ ―― 152
袴は平安時代から続く女性の装束？ ―― 153

寺社の御朱印はいつからある？ 154
告別式は仏教の行事ではなかった？ 155
葬儀で置かれる祭壇は仏教では何を意味する？ 156
氏子は古くから氏神に仕える人々ではない？ 157
神社の近くに住む人は神前式を挙げていた？ 158
正座が正しい座り方になったのはいつ？ 159
喪服は古くから黒が一般的だった 160
行司が烏帽子をかぶる理由とは？ 161
相撲の土俵はずっと女子禁制だった？ 162
大和魂は力強い日本男児を表す言葉？ 163
日本人の時間厳守は古くからの国民性？ 164
日本人はいつから白米を食べている？ 165
夫婦同性は古くから続く日本の伝統？ 166
霊柩車の親指隠しは20世紀以降の新しい風習？ 167
平成以前にも会えるアイドルがいた？ 168
日本ではかつて同性愛が珍しくなかった？ 169
人が生贄として捧げられた城がある？ 170
補陀落渡海が究極の苦行といわれるのはなぜ？ 171
戦場で刀はどのように使われた？ 172
戒名のランク制はどんな経典に由来する？ 173

5章 科学編 175
放射能の影響を知るための米政府の人体実験とは？ 176
核研究の黎明期に大事故が起きた理由とは？ 177
死刑囚を対象としたドイツの人体実験とは？ 178
戦中の日本で捕虜が人体実験を受けた？ 179
人体はどこまで高温に耐えられる？ 180
自自身をカテーテル手術の実験台にした医師がいる？ 181
人間は漂流するとどのくらい生きられる？ 182

モルモットの精巣を使った若返り実験の結果は？―― 183
天然痘予防のために医師は8歳の少年に何をした？―― 184
黄熱病が人から感染しないと考えた医学生の行動は？―― 185
保菌者でも無症状なら感染力は弱い？―― 186
ジョン・ハンターは淋病と梅毒の関係をどう調べた？―― 187
米軍が化学兵器開発のため国民を対象に実験した？―― 188
米軍がイグノーベル賞を受賞した研究とは？―― 189
ドローンの軍事活用はアメリカが先行？―― 190
太陽のない閉鎖空間に長期間いるとどうなる？―― 191
記憶を司る海馬が脳からなくなるとどうなる？―― 192
見た目が違うだけで味が変わると感じるのはなぜ？―― 193
人間は視界が反転するとどうなる？―― 194
金縛りは霊感が強いと起きる？―― 195
認知症は記憶能力や運動能力が低下する症状？―― 196
スマホを見すぎると失明する？―― 197
太りやすくなるモナリザ症候群の原因は？―― 198
治療法がわからない不眠症がある？―― 199
同情を買うため子どもを虐待する精神疾患とは？―― 200
合成麻薬クロコダイルはなぜ世界最悪といわれる？―― 201
MRIを使った実験がイグノーベル賞の対象に？―― 202
人体が突然発火する現象はなぜ起こる？―― 203
妊娠中のメスマウスにオスが近づくとどうなる？―― 204
共生細菌の多くは宿主と共存するいい存在―― 205
いじめの被害者が逃げないのは本人のせい？―― 206
同調圧力に弱いのは日本人特有？―― 207
好きなことを仕事にするとやる気がなくなる？―― 208
野次馬が助けを呼ばないのは薄情だから？―― 209
いけないとわかっていてもタブーを犯す理由は？―― 210
大勢で課題に取り組めば効率的にこなせる？―― 211

6章 法律・制度編 213

罰金や過料を払わないとどうなる? 214
こじきをすると逮捕される可能性がある? 215
罪を犯せば国会議員でも被選挙権を奪われる? 216
売春をした女性が拘束される施設がある? 217
軍服のコスプレをすることはできる? 218
一般人は南極へ行くことができない? 219
未成年の死刑は禁じられている? 220
特殊詐欺を行うのはどんな人? 221
一般人が酒を作って販売するとどうなる? 222
タクシーが乗客を乗せてはいけない場合とは? 223
誘導員のミスで事故が起きたら誰の責任? 224
戦国大名の鷹を死なせた少年の末路とは? 225
江戸時代の遊廓で遊女はどんな私刑を受けた? 226
指名手配の考案者を襲った悲劇とは? 227
死刑後に蘇生すると刑の執行はやりなおし? 228
明治時代の取り調べは法に基づき実施された? 229
若い女性の半裸ダンスがエスティワニの恒例行事? 230
トルクメニスタンでは独裁者が悪法を連発した? 231
ウガンダの大統領はなぜ黒いヒトラーと呼ばれた? 232
アパルトヘイトのときでも黒人自治区があった? 233
凶悪犯を収容する警備体制最高レベルの刑務所とは? 234
中世ヨーロッパでは動物が裁判で裁かれた? 235
参考文献 236

1章　日常編

001 BMIで肥満の度合いを判定できる？

→医学的根拠は乏しい

BMI（ボディマス指数）は、肥満の度合いを判定する指標だ。算出方法は体重を身長（m）の2乗で割るだけ。18・5から25未満であれば適正体重となり、それ以上だと肥満となる。健康診断にも採用されている、お馴染みの指標である。

BMIに基づく適正体重を維持すれば健康的になれるような気がするが、最近では「医学的根拠に乏しい」ともいわれている。

BMIは1835年にベルギーの統計学者アドルフ・ケトレーが考案したが、世界に広めたのはアメリカの保険会社である。この保険会社は1945年、肥満の人間は保険料の支払額が大きい傾向にあることに気づいた。肥満が増加すれば会社の利益も当然上がる。しかし人間を自由に太らせる方法はない。そこで、**標準体型の人を肥満に振り分けるためにBMIを悪用した**のだ。

そもそも、BMIは身長と体重だけを根拠とするので、**体内の筋肉量や脂肪量を反映できない**という欠点もある。同じ身長・体重の人間でも、筋肉量は個人で異なるが、BMIのみを測定すると、筋肉量が多い人間も、体脂肪率の方が高い人間も、まとめて肥満とされてしまう。体脂肪率が多い場合でも、体重が軽いと低体重と判定されるケースもある。

BMIはあくまでも目安の一つとして、運動量や体脂肪率から総合的に適正体重を判断するのがいいだろう。

002 マッサージ直後に眠ると体が楽になる？

↓ほぐした凝りが戻る

ストレスや体の疲れを解消するため、マッサージ店でリラックスをする人もいるだろう。あまりの心地よさに眠ってしまいたい、と思うこともあるのではないだろうか。そんなときは注意した方がいい。マッサージ直後に眠ると、凝りが戻って効果がなくなってしまうのだ。

マッサージ後は眠るのではなく、凝りのあった部分を動かすことが肝心だ。腰であれば8の字にゆっくりと回し、肩なら前後に無理なく回す。これにより、凝りがしっかり緩まって血行がよくなる。施術前に軽く入浴しておけば、より筋肉がほぐれてマッサージ効果もアップする。

また、マッサージで痛みが走ったからといって、**凝りが改善されるとは限らない。**むしろ痛みによって筋肉が収縮し、より凝る可能性もある。施術する人に技術があるならともかく、資格を持たずに営業するマッサージ店は少なくない。２０１７年の消費者庁による調査では、「法的な資格制度がない施術」による事故が約8年間に１４８３件報告されている。治療期間が１カ月以上に及ぶ事故も２４０件起きていた。安さや耳当たりのいい言葉で呼び込む店には、注意した方がよさそうだ。

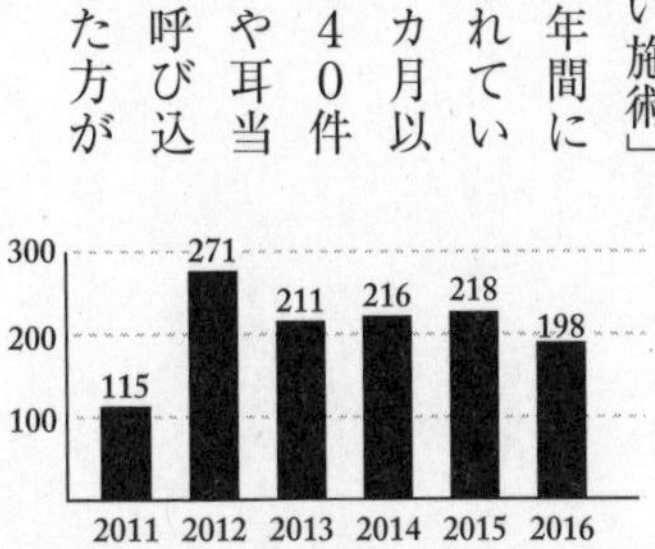

消費者庁「法的な資格制度がない施術による事故物件の推移」(2017)

003 酸素カプセルは体にいい？

↓過剰に使うと生活習慣病に

酸素カプセルは、密閉された空間の気圧を上昇させることで、血液中の酸素濃度を高める装置だ。体の隅々に濃度の高い酸素が行き渡ると、新陳代謝が促進されたり、疲労回復の効果が得られたりするという。

しかし、体にいいからと頻繁に使いすぎると、思わぬ副作用に苦しめられる。**酸素自体が、人体に毒となる場合があるからだ。**

酸素は生命維持に欠かせないが、さまざまな物質と反応して酸化を引き起こす性質もある。酸化とは、物質にサビを生じさせること。人体においても、**活性酸素**と呼ばれる物質がサビをもたらすことが知られている。

活性酸素は、呼吸によって取り入れた酸素のうち、2％程度が変化して発生するといわれている。体内に侵入してくるウイルスや病原菌を退治したり、ホルモンの合成を手助けしたりするが、必要以上に増加すると体の細胞まで攻撃するようになる。その結果、肌にシミやシワが多くできたり、がんや心疾患、生活習慣病などを引き起こすと考えられている。高濃度の酸素を過剰に摂取すると、この活性酸素が増える恐れがあるのだ。

高濃度酸素は、**アスリートのように激しい運動を常時行う人には有効**だろう。また、慢性呼吸不全のような呼吸器疾患を持つ患者には、必要不可欠な機器だ。だが健康的な一般人なら、あえて利用する必要はないだろう。

004 血圧が正常値であれば健康的？

↓血圧が急上昇する現象も

血圧が「健康診断でいつも正常範囲だから安心」という人でも、1日のある時間帯だけ血圧が急上昇するケースもある。それが**血圧サージ**と呼ばれる現象だ。

サージは英語で「波のように押し寄せる」を意味し、血圧が大きく波打つ状態を表している。血圧サージが繰り返されると、細い血管に突発的に圧力がかかる。そのため、**高血圧の人よりも脳や心臓の病気にかかりやすい**といわれている。交感神経が何らかのきっかけで変調をきたすことで、この状態に陥ると考えられている。

具体的には、**食事やストレス、飲酒、喫煙、激しい運動など**が挙げられる。「イライラして煙草を吸う」「急いで食事をする」「遅刻しそうなので駅まで走る」などの要因が重なると、交感神経が活発化し、血圧サージが起こりやすくなるのだ。

定期検診ではなかなか判明しないが、どうやって見極めればいいのか。一番の方法は家で血圧を測ること。測定は早朝に行うのがベターだ。血圧は朝から昼にかけて上昇し、夜は眠るために下降していく傾向にある。起きて1時間以内に血圧を2回測定し、その平均値を数日間記録する。正常値以上の数値が頻発するようだと、専門の医療機関を受診した方がいい。

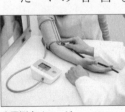

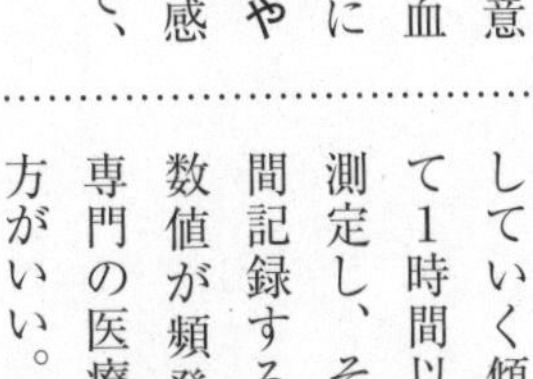
血圧測定イメージ

005 靴下を履いて寝ると安眠できる？

→睡眠の質が下がる

「頭寒足熱」という言葉が示すとおり、足元を温めると睡眠の質がよくなる。冬場は足をいくら温めても冷たいからと、靴下を履いて寝る人もいるだろう。安眠が得られて冷えを防げると思いきや、靴下を履くと眠りの質は悪くなり、**体が疲れやすくなる**といわれている。

足を温めているのに、なぜ体に悪影響が出るのか？　それは温めるだけではなく、**熱を逃がすことも安眠には重要**だからだ。

睡眠時に体内の「深部体温」が下がることで、脳や内臓は休息を取る。この深部体温を下げるためには、皮膚表面から熱を外に逃がす必要がある。その活動が活発なのが、手足の末端部分なのだ。就寝時に靴下を履くと足から熱が逃げられず、**深部体温がうまく下がらずに睡眠が浅くなってしまう**のだ。

しかも、靴下が足の裏に密着して熱がこもれば、汗をかきやすくなって足先の体温が下がってしまう。きつめの靴下だと血管が圧迫されて血流が悪くなる可能性もある。その結果、体の冷えが悪化することもあるのだ。

それでも靴下を履かないとつらいなら、通気性に優れたシルク素材の靴下や、締めつけが緩い靴下が適している。また、レッグウォーマーなら足先が解放され、足への締めつけも緩いため、靴下の代わりに試してみるのもいいかもしれない。

006 起床直後の水分補強は体にいい？

↓まずは口をゆすぐべき

睡眠中でも人間は汗をかくため、起床後は水分補給が望ましい。ただし、飲み方を誤れば体を害する恐れがある。

まず、起床直後に飲むのは避けた方がいい。**起きた直後の口内には体の老廃物や雑菌が大量に付着している**ので、すぐに飲むとそれらが体内に流し込まれてしまう。水を飲む前に、うがいか歯磨きをして洗い流そう。

口をゆすいだあとに気をつけるべきは、飲む水の温度と量である。冷えた水を多量に飲めば、当然体は冷えてしまう。これが毎日続けば、慢性的な冷え性になる危険もあるため、体調に合わせて水の温度を調整したい。一度に多量に飲めば体が冷えるため、コップ1杯を目安にしよう。

なお、朝に温かいコーヒーや熱いお茶を飲んでいるという人も、注意が必要だ。これらに含まれるカフェインで利尿効果が高まって排尿すると、体温が奪われて体を冷やしてしまう。飲酒後に起き抜けの一杯として飲むと脱水症状を悪化させる恐れがあるので、カフェインの利尿効果に敏感だという人は、注意した方がいいだろう。

朝の水分補給に最適とされるのは、ショウガ湯である。ショウガには体を芯から温める作用があり、飲むと血管を広げて体内に熱が行き渡る。

また、冷たい水でも、コップ1杯程度であれば胃腸を刺激して便通をよくするといわれるので、状況に合わせて温度を決めるといいだろう。

007 エナジー系飲料は疲労回復に役立つ？

↓飲みすぎると肝機能が低下

疲労回復成分が多く含まれるエナジー系飲料。栄養ドリンクと違って医薬品ではないものの、ほどよい甘さで飲みやすく、若者を中心に人気を集めている。1日に1本ほどなら疲労回復や眠気解消に役立つだろう。しかし飲みすぎると体を壊すだけでなく、**最悪の場合、命を落とす危険がある。**

アメリカでは、数週間にわたって1日4本以上のエナジー系飲料を常飲していた50歳の男性が、2016年に急性肝炎を発症している。原因とされるのは、水溶性ビタミンの一種である**ナイアシン**だ。エナジー系飲料に含まれるナイアシンは皮膚や血管の健康を保つ効果があるが、摂取しすぎると肝臓に負担がかかる。男性はナイアシンの過剰摂取が毎日続いて肝機能が大幅に低下したと考えられている。

2014年には九州でも、エナジー系飲料を過剰に摂取した20代の男性が変調をきたし、急性カフェイン中毒で命を落としている。といっても、この男性はエナジー系飲料とカフェイン錠剤を日常的に多量摂取するという危険を冒していた。摂取量さえ守れば危険はないし、多少飲みすぎたとしても、健康被害が生じることはないだろう。

エナジー系飲料イメージ

008

カルシウムが不足するとイライラする?

↓科学的根拠はない

「怒りっぽいけどカルシウムは足りている?」

イライラしているとき、こういわれたことはないだろうか。カルシウムがイラつきを抑えるという話はよく聞くが、科学的な根拠は全くない。

そもそも、**体内のカルシウム濃度とイラつきに因果関係はない**。血中のカルシウムが不足すると骨の成分で補うので、基本的に体内でなくなることはない。骨の成分でも補えないほど不足すれば、イライラどころの話ではないのだ。

イライラがカルシウム不足のせいという説は、1970年代から広まった。当時は公害問題と外交不安で人々は大きなストレスを抱えていた。そんな時期にある雑誌が「カルシウム不足がストレス社会の原因である」という記事を掲載。この頃はカルシウムの豊富な魚食中心の食生活が、肉食の多い欧米式に変わっていた。そのような背景から、ストレスとカルシウム不足を結びつける疑似科学が広まったとされている。

ただし、不足するとムカつきを起こす物質は存在する。**セロトニン**という脳内の神経伝達物質は精神バランスを整える作用があり、不足するとストレスを感じやすくなるのだ。

原料であるトリプトファンは体内でつくられないので、摂取したいときはセロトニンを多く含む大豆製品や乳製品、バナナやアボカド、アーモンドなどを積極的に摂取していくと、精神の健康をうまく保てるだろう。

009
ポリフェノールは血流をよくする？
↓ポリフェノールの影響は不明

ポリフェノールは抗酸化作用の高い物質で、生活習慣病の予防に役立つ。緑茶に含まれるカテキンをはじめ、その数は400種以上。近年は健康ブームの影響で、さまざまなポリフェノール入り食品が販売されている。ポリフェノール入りであることを謳うチョコレートやトクホ（特定保健用食品）などを、誰もが一度は購入したことがあるのではないだろうか。

確かに、ラットを使った実験では、ポリフェノールに血管を拡張する作用が見られた。摂取すれば心血管系疾患のリスクが低下するという話もある。だが実際には、ポリフェノールを多量に摂取したところで体内には1割ほどしか取り込まれないし、体にどんな作用を及ぼすかはわかっていないのである。

チョコレートはカカオプリフェノールが豊富

前述したようにポリフェノールは種類が多く、それぞれどのような効果があるのかはまだ研究が追いついていない。例えばポリフェノールには下痢止め効果があるといわれるが、多量に摂取すると効果が出すぎて便秘になるともいわれる。謎の多い成分であるため、今後の研究を待つと、より健康効果を期待できる種類や摂取方法が、特定されるかもしれない。

010 ブルーベリーを食べれば視力向上が期待できる？

↓有効成分は吸収されない

視力回復に効果がある食べ物といえば、ブルーベリーが有名だ。ブルーベリーに含まれる「アントシアニン」には、網膜のロドプシンというタンパク質を活性化させる機能がある。このロドプシンの働きが活発になれば「モノを見る」機能が向上するといわれるため、ブルーベリーが目の健康を助けるとされてきた。

ところが実際には、ブルーベリーに視力向上効果はあまりない。**アントシアニンはほとんど体内に吸収されず、大半が体外に排出される**からだ。

国立健康・栄養研究所が成人15人にブルーベリー480グラムを3週間摂取させる実験をしているが、視力に大した変化は見られなかった。現時点では、ブルーベリーの目への有用性について信頼できるデータはないのだ。

ブルーベリーに視力向上は期待できないが、目の老化を改善するといわれる物質はある。

老化には、活性酸素が関係しているといわれている。そのため、この活性酸素を除去するとされる「ルテイン」が、近年では注目されているのだ。緑黄色野菜に多く含まれており、サプリメントも発売されている。ルテインは加齢とともに減少するため、年齢を重ねたら意識して含有食品を食べるようにしよう。

011 卵を食べすぎると生活習慣病になる？

↓卵の量と生活習慣病は無関係

生活習慣病の原因となる悪玉物質だと信じられたコレステロール。卵はこのコレステロールを多く含むため、血中濃度を上げすぎないよう「1日1個」が限界と、常識のようにいわれてきた。

しかし近年、この個数制限に意味がないことが明らかになった。卵の摂取量が多いからといって、動脈硬化が起きやすくなったり、脳卒中で死亡しやすくなったりするわけではなかったのである。そのため、厚生労働省は2015年、食事におけるコレステロールの摂取量制限を撤廃している。

そもそも、コレステロールはすべてが体に悪いのではなく、細胞膜やホルモンなどを作る重要な成分でもある。ほとんどは肝臓内で合成されており、**食事で摂取する量は、最大でも体内合成量の3分の1ほどに過ぎない**。仮に多く摂取したとしても、その分肝臓での合成量が減少するので、卵の個数制限に意味はないのだ。

ただし、卵を2個以上食べていいのは健康な人に限った話。高コレステロール血症と診断されている人や、遺伝で罹患《りかん》する可能性が高い人は、コレステロール値が高い食品の摂取量に注意した方がいい。

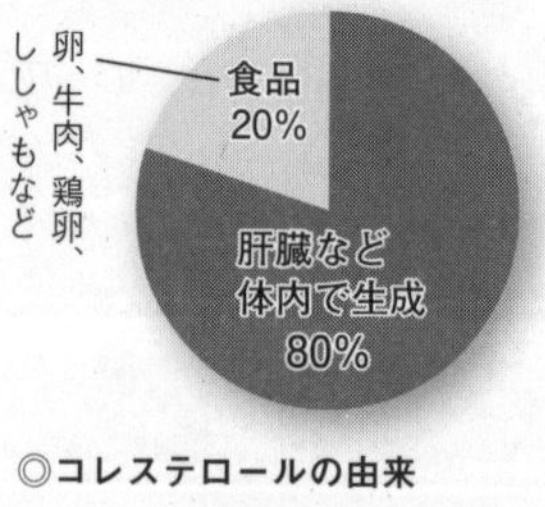

◎コレステロールの由来

012 ウナギの刺身が売られないのはなぜ？

↓血液に毒があり危険だから

老若男女を問わず人気のあるウナギ。タレをつけて炭火で焼き上げる蒲焼《かばや》きもおいしいし、素焼きにする白焼《しらや》きが好きだという方もいるだろう。生で食べてもおいしそうな気がするが、スーパーや寿司店でウナギの刺身を見かけることはない。

一体なぜだろう？

結論からいえば、**ウナギの血液にはイクシオヘモトキシンという毒があるため**だ。誤って飲むと下痢や嘔吐《おうと》、不整脈、麻痺、呼吸困難などの症状が起き、最悪の場合死亡することもある。

といっても、致死量は体重60キログラムの人間に対し、1リットルと見積もられているので、多量に摂取しない限り命に関わることはないだろう。それに、イクシオヘモトキシンは60度で5分加熱すれば完全に毒性を失うので、火の通ったウナギに毒はない。

ただし、素人に調理できるほど、安全ではない。加熱前のウナギの血液が口内や傷口に入ると、炎症や浮腫《ふしゅ》ができる恐れがあるし、血に触れた手で目をこすると失明する可能性もある。修行を経て初めて、安全にウナギを調理できるのである。

なお、ウナギの刺身が存在しないかといえば、そんなことはない。ウナギの名産地である静岡県浜松市などでは、完全に血抜きをした生のウナギを提供する店がある。刺身にしたウナギは蒲焼きとは一味違い、コリコリとした食感が特徴的で独特の甘みがあるという。

013 ゴボウはアク抜きをするとおいしい？

↓栄養が流れるため要注意

調理をする前に、下ごしらえとしてアク抜きが必要な野菜。真っ先に思い浮かぶのは、ゴボウではないだろうか。しっかりアクを抜かないと変色してしまうと、心配する人もいるかもしれない。しかし、最近のゴボウはアクが弱く、アクを抜きすぎると体にいい成分が流れ落ちてしまう。

ゴボウのアクは、えぐみがあったり他の野菜の色合いを悪くしたりする一方、主成分である**クロロゲン酸**には、抗酸化作用があるといわれている。糖尿病の予防や血流の改善に効果的で、ゴボウは他の野菜に比べて含有量が多い。アク抜きは必要だが、この成分が落ちすぎないよう、注意した方が体にはいいだろう。たっぷりの水に少量の酢をたらし、20～30秒くらいさらす程度で十分だ。ゴボウの表面近くに多く含まれているので、軽くこすって土やヒゲを取り、必要以上に皮をむかない方がいい。

ゴボウとは対照的に、**必ずアク抜きをした方がいいとされるのが、ほうれん草**である。ほうれん草のアクの主成分はシュウ酸と呼ばれるもので、キシキシするえぐみの正体はこれだ。シュウ酸はカルシウムや鉄分の吸収を妨げ、多量に摂取すると結石や骨粗しょう症の原因になる可能性もある。生のほうれん草を大量に食べ続けなければ問題はないが、この物質を受けつけない体質の人もいるので、違和感を覚えたらアク抜きをして食べるようにしよう。

014 ビールにはプリン体が多い？

↓魚や肉の方がプリン体は多い

「風が吹いただけでも痛む」といわれるほどの激痛が、足の関節や指のつけ根に走る。痛風は生活習慣病の一種で、体内の尿酸が原因で起こる。ビールには尿酸を作り出すプリン体が含まれているので、痛風を予防しようとプリン体99%カットの発泡酒を飲む人もいるかもしれない。

しかし、ビールだけを控えるのではなく、プリン体をより多く含む食品も控えた方が、痛風予防には効果的だ。

最も多くプリン体を含む食品は、動物性食品である。レバー、魚の干物、あん肝や白子など、お酒のおつまみで定番の食品に、たっぷりと含まれている。飲み会のあとでよく食べられるラーメンのスープも、肉や鶏ガラでとっていたら危ない。ビール内のプリン体の量は多くてもこれらの約4分の1程度だ。

このように、ビールが突出してプリン体を含むわけではないが、毎日飲んでいれば尿酸値が上がるのは事実である。**アルコールは分解される際、プリン体を作りだす**ので、飲酒習慣がある人は尿酸値が上がりやすい。特にビールは飲酒量が多くなりやすいからか、痛風の危険度は高い。

飲酒後は排尿を心がけることが、痛風予防にきいてくる。飲酒量はほどほどにしつつ、水分をたくさん摂って尿と一緒に尿酸を排出するのがいい。飲酒や脂物《あぶらもの》の摂取は上手く自己管理していくのが大切だ。

015 休肝日で飲酒のダメージを回復できる？

→飲む量が多ければ意味はない

楽しく健康的な飲酒をするために、休肝日をもうける人がいる。確かに、週に1~2日ほどお酒を飲まなければ、肝臓が休まって飲酒のダメージが回復されるような気になる。だが、この休肝日の考え方に、医学的な根拠はない。

2日ほどお酒を飲まなければ体からアルコールは抜けるものの、肝臓が休まるかといえば、少し違う。老廃物の分解処理する役割を持つ肝臓は、飲酒をしなくても24時間休みなしで働いている。**休肝日にお酒を飲まなかったとしても、肝臓が完全に休まることはないのだ。**

大事なのは、1週間の合計飲酒量に気をつけることだ。短期間に多量のお酒を飲めば、当然ながら体が壊れやすくなる。それを防ぐには、例えば日本酒なら1日1合から2合、1週間で14合以内と決め、2日間に4合飲んだら残りの日の量を少なめに調整することが望ましい。もし3日で8合飲んだなら、残り4日のうち3日は2合ずつ飲み、最後の1日禁酒するというように工夫すると問題ない。

ただし、休肝日はまったく意味がないわけではない。アルコール依存症の兆候があるなら話は別なので、休肝日を習慣化するといいだろう。自分の意思で飲まない日を決めるだけでも、精神的なストッパーとして効果がある。

016 胃もたれも胸やけも同じ薬で大丈夫?

↓悪化する可能性もある

同じ胃の不調だからと、胃もたれの薬を胸やけのときにも飲んではいないだろうか。それは危険な行為である。同じ胃袋の症状でも、原因は全く違うのだ。

食べすぎたときに胃がもたれるのは、胃酸が足りず消化が追いついていないからだ。一方、肥満や食の欧米化などが原因で起こる胸やけは、胃酸が増えすぎて胃粘膜が損傷している状態だ。症状は似ていても、**原因は胃酸不足と胃酸過多という、正反対のもの**である。

市販されている胃薬には、胃酸の抑制と促進両方の効果がある、「総合胃腸薬」という薬もある。ただ、症状がはっきりわかっているときは、専用の薬の方が効果を期待しやすいだろう。

胃もたれイメージ図

胃の不調が続いたときは、市販薬ばかりに頼らずに、医師の診察を受けるのも一つの手だ。ただの胸やけや胃もたれだと思い込んでいたら、実は胃がんの初期症状だったというケースも珍しくはない。症状に合った薬を飲んでも不快な状態が治らないときは、迷わず病院で診察を受けてみよう。

017

食後のデザートで栄養を補給できる？

↓消化不良の一因に

食後のデザートは、お菓子よりもフルーツの方が体にいいといわれる。フルーツはビタミンやミネラルが豊富でカロリーが低いため、うまく食べれば健康な体づくりに役立てることができる。農林水産省も1日に200グラムのフルーツを摂ることを推奨している。だが、フルーツを食後に食べると、体が悪影響を受ける可能性があるのだ。

フルーツは食後30分程度で消化されるのに対して、ごはんや肉などは最短でも3時間ほど消化に要する。消化時間が大幅に違う食べ物が、一緒に胃に入るとどうなるか。消化し終えた果物がごはんやおかずに邪魔されて、腸に進めなくなる。そうなるとフルーツが自らの酵素で発酵を始め、**げっぷや口臭の原因になる**のだ。それにフルーツが柑橘類やリンゴなどのアルカリ性の場合、酸性の胃酸に長時間さらされると、胃もたれや消化不良を引き起こしかねない。

では、フルーツはどのように食べればいいのかといえば、**食前や空腹時にフルーツだけを食べればいい**。胃にフルーツだけが入るので、胃腸の負担は少なく、栄養素を効率よく摂取できる。特に朝の空腹時に食べると最も効果的だ。ただし、フルーツに含まれるカリウムは体を冷やす作用があるので、温かい飲み物も一緒に飲むようにしよう。

フルーツは食後よりも食前

018 「甘さ控えめ」は糖分が少なく健康的？

→なんにでも表記可能

食品のパッケージで時に目にする、「糖分控えめ」「甘さ控えめ」といった表示。ダイエットや健康管理に関心のある人には、魅力的な謳い文句だろう。だが、実際どれほど控えめなのか、また二つの表示はどう違うのかまではわからないという人も、多いのではないだろうか。

特定の栄養成分を「控えめ」「ライト」などと表示する場合には、健康増進法で定められた栄養表示基準を満たす必要がある。

糖分控えめの表示は、食品では砂糖やブドウ糖などの糖類の含有量が１００グラムあたり5グラム以下、飲料では１００ミリリットルあたり2・5グラム以下であることが求められる。「微糖」「低糖」の表示も糖分控えめと同じ基準だ。

一方、**明確な数値基準がないのが「甘さ控えめ」表示だ**。「甘さ」は栄養成分ではなく、味覚の表現である。そのため、栄養表示基準の対象にならないのだ。どれだけ糖類が含まれていようと甘さ控えめと表現することは可能ということだ。

飲料では「無糖」「ノンシュガー」などの表示も見られるが、これらの表現ができるのは糖類が１００ミリリットルあたり0・5グラム未満であること。**「無糖」といっても完全にゼロというわけではないのだ**。「カロリーオフ」「カロリーゼロ」などの表示も事情は同じで、前者は食品では１００グラムあたり40キロカロリー以下、後者は5キロカロリー未満であれば表記できる。

019 酵素食品は寿命を延ばす？

↓科学的根拠はない

酵素ドリンクや酵素サプリを摂るだけで体調不良が治る、若返りに効果があるなど、大々的に宣伝するサイトは多い。

しかし、本当に健康になりたいのなら、こうした宣伝文句は鵜呑《うの》みにしない方がいい。**食べ物に含まれる酵素は、口から摂取すると胃腸で分解され、消化吸収される。その際、酵素そのものが健康効果を生み出すことはないのだ。**

酵素系食品は２０１０年頃、アメリカの医師エドワード・ハウエルが提唱した「酵素栄養学」の影響で注目されるようになった。この学問の「食物から酵素を摂取しないと寿命が縮む」という理論に栄養食品会社が注目し、酵素系食品を売り出していったのである。

しかし、酵素と寿命に関する考えはハウエルの独自理論で、科学的根拠は一切ない。**酵素は体に蓄えられたアミノ酸から必要な量がつくられるので、不足することはないといわれている。**

もう一つ、酵素が体にいいというイメージが広まった一因として、発酵食品との関連づけが挙げられる。発酵食品が体にいいことは、広く知れわたっている。同じ「酵」の字が使われていることから、酵素にも同じような健康効果が期待できると思われたわけだ。

しかし、**酵素は発酵とは全くの別物**であるため、食品に含まれているからといって、健康効果を期待しない方がいい。

020 空腹なら食べ放題で多く食べられる？

→かえって早く満腹感を抱く

食べ放題では、たくさん食べないと損をした気になるものだ。事前に食事を抜くなどして、うんとお腹を空かせて臨む人もいるかもしれない。だが、これはかえって損をする残念な食べ方だ。

空腹期間が長いと、血糖値は低い状態が維持される。そこへ勢いよく食べ物が入ってくると血糖値が急上昇し、満腹感が早く訪れるのだ。

では、どんな準備をすればいいのか？　意外だが、食べ放題の4時間ほど前にトンカツなどの脂っこい料理を少量食べておくと、より長い時間食欲が持続するという。

人が空腹状態になると、血液中に**遊離脂肪酸**と呼ばれる物質が流れ出す。遊離脂肪酸は体内の脂肪が分解された物質で、全身を巡ると食欲を司る脳の中枢が刺激され、食欲が生じる。

脂質が遊離脂肪酸となって血液中に運ばれるのは、おおむね4時間後だ。そのため、時間を決めて少量を摂取すれば、目的の食事で脳がいつも以上の空腹感を覚え、より多くを食べられる。

また、炭酸水を飲んでおくのも効果的だ。炭酸水に含まれる二酸化炭素は、胃の血管を拡張させる。胃の血管が拡張すれば、胃は食べ物が入ってきたと勘違いして、腸に食物を送り出す蠕動《ぜんどう》運動を始める。胃の動きが活発になり、多くの食事を取り込むことができるのだ。ただし、飲みすぎると腸が刺激されて下痢になるかもしれないので、飲む量は１００ミリリットル程度で十分だ。

021 食後すぐに歯を磨くと歯が傷つく？

↓歯が傷つくというのはデマ

近年、食後すぐに歯を磨くのは「歯にあまりよくない残念な磨き方」だという情報が流布して話題になった。理由は、歯のカリウムやリンが溶け出て、やわらかく敏感な状態になっているからだとされていた。だが、日本小児歯科学会によればこの新説は誤りで、従来の**食後すぐの歯磨きが正しい**という。

そもそも歯が溶けるという考えは、歯の象牙質《ぞうげしつ》を使った実験に基づいている。炭酸飲料に象牙質の試験片を浸したところ、酸に対する抵抗が弱くなることがわかった。この結果が拡大解釈されて「炭酸が歯を溶かす」というイメージが広がっていったわけだ。

だが、**歯の表面は象牙質ではなく、酸への抵抗性が高いエナメル質におおわれている**。それに、唾液には酸を中和する働きがある。したがって一般的な食事では、酸に蝕《むしば》まれるとは考えにくいのである。

子どもの歯磨きの目的は、酸を生み出す歯垢《しこう》中の細菌と、酸の原料となる糖質を取り除くこと。

酸が歯を溶かしてできる虫歯と、酸性の飲食物が直接歯を溶かす酸蝕症とは成り立ちは違う。食後はできるだけ早く歯を磨いて、歯垢と糖質を取り除いた方が賢明なのだ。

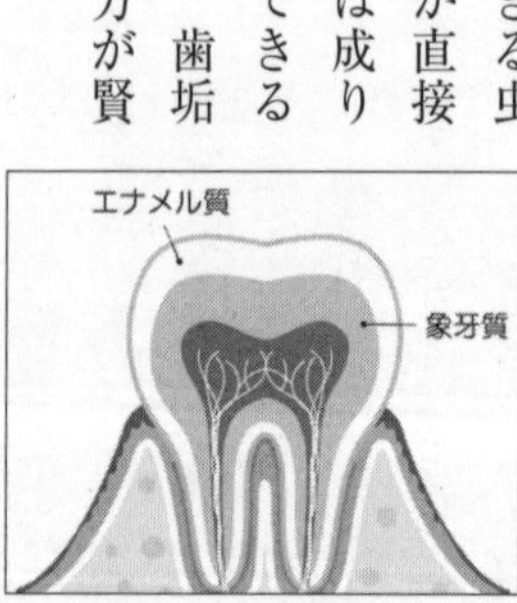

022

リップクリームは頻繁に使った方がいい？

↓頻繁に使うと荒れる原因に

唇はデリケートな部位なので、少しのことで荒れてしまう。気になってリップクリームを頻繁に使うという人もいるだろう。しかし、乾燥が気になるからといってリップクリームを塗りすぎると、唇が荒れる原因となる。

少量であれば問題はないが、**何度もクリームの成分を加えれば、唇の新陳代謝が妨げられる**。その結果、逆に荒れやすくなってしまうのだ。上下の唇をこすり合わせたり、口を尖らせてクリームを左右に塗ったりするのも、同じように唇を荒れやすくする行為だ。

リップクリームを塗る回数は、食後、入浴後、就寝前の1日3回程度で十分だ。寝る前は肌荒れを起こさないよう、古いリップクリームの油分をしっかり洗い落とすようにしよう。リップクリームの上に美容液を塗ってから就寝すると、逆に唇を痛めることがあるので、凝った方法はとらず、油分を補給してクレンジングを繰り返すのがいいようだ。

また、縦方向に優しく塗るなど塗り方を工夫することで、肌荒れのリスクを減らすことができる。リップクリームを塗るときは笑顔をつくって口角を上げると、均等に塗りやすくなる。

はじめのうちは乾燥が気になってついリップクリームを使いたくなるかもしれないが、荒れてしまう前に予防して唇を守ろう。

023 食後にはナプキンをたたむのがマナー？

↓たたむのは「まずかった」の合図

なんとなくわかるけれど、間違っていたらと不安になるテーブルマナー。「とにかくきちんとしなければ」とそれらしく対応したものの、それがマナー違反だということも、あるかもしれない。

よく間違われるのは、ナプキンのマナーだ。店への感謝を示そうと、食事を終えたあとにナプキンをしっかりたたんでテーブルに置いて帰る。これは一番やってはいけない行為である。ナプキンをたたんで置くと、**「料理がまずかった」**という合図になるからだ。

また、布製ナプキンを使わないのも正しくない。「ナプキンが汚い」という合図だからだ。かといって布を広く使うのもNGと、知らなければ間違えてしまうルールが満載である。

ナプキンの使い方は、二つ折りにしてから少しずらし、折り目を自分側に向けて使うのが正しい。料理が来る前にはテーブルに置きっぱなしにせず、膝にかけておこう。首からかけるのはやめた方がいい。パーティーなどでは乾杯が終わるか、主催者が手に取るまで待つのが無難だ。

席から一旦離れるときは、椅子に汚れた面を見せないように置くと「また戻る」という合図になる。食後は少し崩すくらいにしてテーブルの上に置いて帰ろう。こうすれば「料理が美味しかった」という感謝の印になる。使い方一つで店に違った意思が伝わるので、正しい使用法はしっかり覚えておきたい。

024 運動前のストレッチで効率よく体が動く？

↓運動効果は下がる

運動前にストレッチをすると、筋肉が柔軟になって体のパフォーマンスが向上すると考えられてきた。しかし2013年、アメリカのスポーツ雑誌が驚きの調査結果が発表した。ストレッチをすると運動効果が下がったというのである。

45秒以上のストレッチを行なったプロアスリートの場合、筋力は平均5・5％低下し、瞬発力は平均3％ダウンした。90秒以上のストレッチをした場合は、ウエートリフティングで持ち上げられる重量が約8％減少している。

なぜストレッチで運動効果が悪くなったのか？

それは体が必要以上にリラックスするからだ。どんなスポーツでも、筋肉を温めることで運動の効率を高めることができるが、ストレッチをすると筋肉がクールダウンして必要な力が出せなくなるのだ。またランニング前に股関節のストレッチをすると、必要な範囲を超えて足が動いてしまい、安定した走行ができないこともある。

ストレッチの出番は運動後だ。激しい運動後は筋肉の強張《こわば》りが解けず、筋肉痛の原因になりやすい。ストレッチで筋肉を伸ばせば、その予防になる。ただし強引にストレッチをすると血流の悪化で疲労が蓄積される恐れがあるので、無理のない範囲で行うようにしよう。

運動前のストレッチは危険

025

1日1万歩のウォーキングは体にいい？

↓歩くだけでは効果は薄い

健康を意識して、定期的にウォーキングをする人が増えている。特別な道具はいらず、激しく動く必要もないので、これから運動を始めたい人や高齢者も挑戦しやすい。1日1万歩を目安に歩いているという人も、いるのではないだろうか。

厚生労働省がかつて推奨していたこともあり、この基準は広く知られている。しかし実は、ただ1万歩を歩いただけでは、運動効果はほとんどないことがわかっている。足腰を多少は鍛えることもできるが、体力向上とダイエット効果は期待できないのである。

ウォーキングで大事なのは、背筋を伸ばして歩幅を広くすることだ。歩くだけでは有酸素運動の効果は望めず、誤ったフォームで歩いていると、足を痛める危険がある。

また、体力に見合わない運動は、かえって免疫機能を落とす可能性がある。そうした事態に陥らないよう、「早歩きで3分歩いたあとにゆっくり3分歩く」という方法をとってみてはどうだろうか。速度は軽い会話ができる程度でいい。緩急のある運動を1日約30分、週4日ほどこなすと、筋力や持久力のアップが期待できる。歩数は1日1万歩にこだわらず、8000歩程度で十分だ。

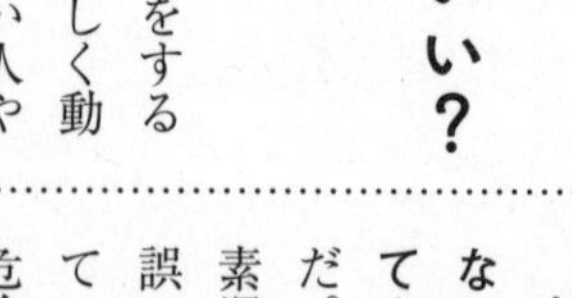

ウォーキングの歩数は体力に応じて決めることが大事

026 健康を意識するなら軽い靴で運動すべき？

↓重い靴の方がいい可能性あり

新しい靴を選ぶとき、デザインや履き心地だけでなく、軽さを重視する人もいるかもしれない。確かに、軽い靴の方が足への負担が小さく、体によさそうに見える。だが実は、軽い靴の方が重い靴より足に悪いという意見もある。

軽い靴は靴底や踵《かかと》の部分が薄く、必要最小限の部品で造られることが多い。靴の強度は弱まり、足の保護や歩行サポート機能は低下する。歩行は一歩ごとに体重の約1・25倍の負荷がかかるとされ、階段を降りる際には体重の3倍もの衝撃が足などに加わる。頑丈な靴なら衝撃は緩和されるが、**靴が薄いと衝撃がより強く伝わってしまう**のである。

また、軽い靴は足にフィットする力が弱いので、靴の中で足首が傾きやすい。そんな不安定な格好で長く歩けば、足の筋肉への負担も大きくなる。それに強度が低下して靴底が早く擦り減るので、型崩れも起きやすい。体への影響や買い替え頻度の多さを考慮すると、軽い靴は決して優れているとはいえないのである。

では、どの程度の重さがいいのか？　個人差があるので一概にはいえないが、**足にフィットする靴**なら重さはさほど気にならなくなる。といっても、足にぴったりさせる必要はなく、靴の中でつま先に1センチほどの余裕があるとちょうどいい。地面を蹴り出すときに足の指が伸びるので、少し隙間があれば逆に歩きやすいのだ。

027

救急車は誰でも無料で呼ぶことができる？

↓将来的には有料化？

アメリカでは、救急車を呼んで治療を受けたあと、救急搬送に関する費用の請求が届く。走行距離によるが、**救急車を要請するだけで約10万円**。国民皆保険制度のないアメリカでは治療費が大きくプラスされるので、症状次第で数十万円はかかる。手術ともなれば、数百万円を請求されることも普通である。

民間企業の医療保険に入れば減額されるが、保険が適用されるかは、企業の裁量次第であるケースが少なくない。保険料も安くないので安定はしていない。低所得者への医療補助と保険会社の規制を狙った医療改革で状況は多少改善されたが、保険・医療業界からの批判が根強く、制度が健全に機能しているとは言い難い。

日本では救急車を無料で呼ぶことができるが、近年では緊急度の低い人が救急車を呼ぶケースが増えて問題視されている。**2015年には財務省が一部有料化を提言**しており、医師の中にも不急の利用者抑制に効果的だと支持する人が少なくない。

社会保障費は今後も増加し続けるといわれているため、将来的には日本でも、救急車を呼ぶのにお金がかかるようになるかもしれない。

日本では救急車は無料で呼べるが、アメリカやスイスなどは有料

028 空気清浄機はリビングや寝室に置くと効果的？

↓最もいい設置場所は玄関

毎年春が近づくと、鼻水や目のかゆみ、くしゃみを引き起こす、花粉症に悩まされる人が多くなる。花粉を吸いこんでしまえばどうすることもできないので、花粉と接触しないことが一番の対策といえるだろう。そのため、空気清浄機を利用する人もいるかもしれない。

では、空気清浄機を家のどこに置くか、意識したことはあるだろうか。リビングや寝室といった人の多い場所が思い浮かぶかもしれないが、最もいい場所は玄関である。

花粉は衣服や体に付着するので、どんな対策をしても防御しきれない。これを防ぐには、**玄関で水際対策をすることが重要**なのである。

花粉を効率的に落としたい人は、以下の手順に沿って試してみてほしい。まず、玄関に入った段階で上着を脱ぎ、花粉を落とす。手で叩くと飛散るので、湿った布巾などで静かに拭うといい。それから玄関の空気清浄機を利用すれば、家の中に入る花粉の量をかなり減らせる。

それでも入ってしまった花粉は、ドライタイプのワイパーやシートで静かに除去しよう。掃除機は起動中の排気や動きで舞い上がりやすく、ウエットタイプは花粉を破裂させる危険があるからだ。また、雨の日は湿気で空中の花粉が地面に落ちるので、飛散量が一時的に増えることもある。そのため、雨の前後は花粉対策により気をつけた方がいいだろう。

029 フローリングの掃除に重曹は使えない？

↓使うと汚れやすくなる

自然素材だから体に安全だとして、「重曹（炭酸水素ナトリウム）」はよく使われる。余分な添加物はなく、弱アルカリ性なので酸性の油汚れに強い。水回りの拭き掃除だけでなく、入浴剤やふくらし粉として使用される。その多様性から「万能の洗剤」ともいわれるが、重曹といえども使用できない場面はある。それがフローリングの掃除だ。

重曹は油汚れに強いが、フローリングのワックスやコーティングの主成分も油だ。したがって、**重曹でフローリングの拭き掃除をした場合、表面のコーティングが剥がれてしまう**のである。

さらに、重曹は水に溶けにくいという弱点がある。溶け残りが隙間に入り込み、白い汚れとして残ることもあるため、フローリング掃除には使わない方が無難だ。

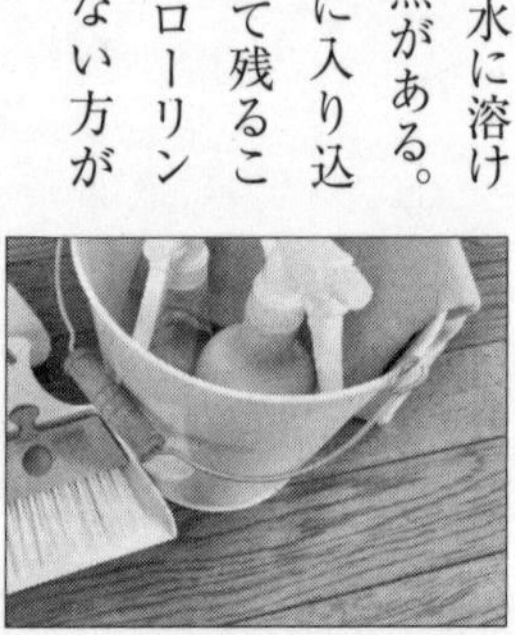

フローリング掃除イメージ

また、畳部屋の掃除にも、重曹は不向きだ。使ってしまえば、畳の材料である「い草」がアルカリ成分で変色してしまう。

フローリング掃除の際は、フロアモップのみで水拭きして、仕上げに掃除機をかけるといい。畳はぬるま湯で拭き、汚れの上には塩をふりかけて静かにこすろう。仕上げにから拭きをすると、汚れが落ちているはずだ。ただし、畳は水に弱いので、手早く済ませることが肝心である。

030 ペーパーモップは四隅からかけると効率的？

↓四隅は最後の方が効率よし

ペーパーモップは、掃除機とは違って電気いらずで軽くて扱いやすい。掃除機ではとりきれない壁面や部屋の隅《すみ》などをきれいにするには、大変便利だ。

利用する際は、部屋の四隅から始めて、徐々に部屋の中央へとモップを進める、という使い方が一般的ではないだろうか。確かに、四隅から無駄なく埃をとれば、効率よく掃除ができそうなものだが、実際はあまり効率的とはいえない。

人が部屋の中で動くと空気も流れ、床の埃や髪の毛が空気中に飛散する。四隅に小さなゴミが溜まりやすいのも、空気が流れて最終的に壁際へと行き着くためだ。もちろん掃除中も空気は動き、埃は再び四隅へと集まる。そのため、初めに四隅を掃除してもすぐまた溜まってしまうのだ。

これを防ぐには、部屋の中央を掃除してから最後に四隅の埃を取るといい。掃除機とペーパーモップを併用するときも、掃除機を先に使うと排気で埃が舞い上がるので、先にペーパーモップを使うのが鉄則だ。

このとき、ペーパーモップの底辺より少し小さめに切ったエアーパッキンを、シートとの間に挟んでみよう。厚シートに満遍なく力が加わって、全面に埃がつきやすくなる。シートの端にしか埃がつかないときは、おすすめである。

031 消臭除菌スプレーを部屋にまくと除菌可能？

↓湿気でダニやカビの温床に

除菌と消臭を同時に担う「消臭除菌スプレー」は、2020年に新型コロナウイルスが流行したことで、急激に需要が高まった。殺菌効果の高い成分を配合した製品も増えており、その種類はかなり多い。

さまざまな用途に使用できて便利だが、肌着や下着にも使うという人は、要注意だ。消臭除菌スプレーは刺激が強く、**肌に接触し続ける衣類に使いすぎれば、体が薬品焼けする危険がある**のだ。

部屋でまく場合も注意が必要で、特に**布団は湿気が増えてダニやカビの温床になる危険が指摘さ**れている。

また、消臭除菌スプレーは、人体に有益な菌まで殺してしまう。腸内の善玉菌や、肌のバリア機能を持つ皮膚の常在菌のような人体に有益な菌が除去されれば、免疫力の低下に繋がりかねない。近年増加傾向にあるアレルギーも、清潔すぎる環境が原因の一つだともいわれている。

菌という言葉に嫌悪感を抱いて何でもかんでも除去してしまえば、体は悪影響を被るかもしれないのである。

刺激の強い消臭除菌スプレーを衣服に使いすぎると肌が荒れる可能性も

032
トイレのふたを閉めて流した方がいい?

↓ふたを閉めないと菌が飛散

家庭に限らず、飲食店や公共施設など、日本のトイレは温水洗浄便座がついて自動で水が流れるというふうに、至れり尽くせりである。日本人の衛生意識は、それだけ高いということだろう。

とはいえ、衛生意識が高い人でも、知らず知らずのうちに病原菌をまき散らしている可能性はある。例えば洋式トイレで用を足したあと、便器のふたを開けたまま水を流しているのなら、あなたは確実に病原菌をばらまいている。

水を流すと、便器からは目に見えないほど細かい水しぶきが周囲に飛び散る。水しぶきには排泄物やさまざまな菌が混じっており、時にはそれが2メートル近くはねることもある。これらの菌は、水を流してから90分経ったあとでも検出されることがあるという。

トイレと浴室が同じ空間にあるユニットバスであったら、便器内の水がシャワーや浴槽、洗面台の上のコップにまで飛び散ってしまう。ユニットバスに置かれた歯ブラシのうち、その5割以上から大腸菌が検出されたという調査もある。

病原菌をまき散らしたくない人は、必ずトイレにふたをしてから水を流そう。こうすれば、個室内の菌の数を、ふたを開けて流した場合よりも圧倒的に少なくすることができる。といっても、無数に存在する菌を完全に防ぐことはどう頑張ってもできないので、過度な防菌は諦めた方がいいだろう。

033 トリートメントを塗ったら放置した方がいい？

↓放っておくと抜け毛の原因に

シャンプー後にトリートメントを塗ったあと、長時間髪を放置している人もいるかもしれない。保湿成分や栄養を髪に染み込ませるのに効果的だと、聞いたことがある人もいるだろう。

しかし、**トリートメントに入っている栄養分は、浸透する量に限りがある**ので、時間を置いても効果が上がることはない。むしろ、長く塗布し続けるとトリートメントの油分が頭皮や髪にはりついてベタベタになったり、頭皮のトラブルや抜け毛の原因になったりしてしまうのだ。

トリートメントの放置時間は、5～10分ぐらいでいいといわれる。このときタオルで包んだり、シャワーキャップをかぶったりするとパックをした状態になり、浸透率が上がる。長時間放置するよりも、短時間でこのような工夫をする方が髪にはやさしい。

なお、頭皮にトリートメントをつけるのも間違いだ。頭皮からは適度な油分が出ているので、トリートメント剤に入った潤い成分は必要ない。

根元から栄養成分を浸透させようとべったり塗ってしまうと、最悪の場合、炎症やニキビの原因になってしまう。トリートメントは毛先を重点的に「染みこませる」感じで揉み込むのが正解だ。

ただし、商品によっては洗い流さないトリートメントもあるので、使用方法をよく確認しよう。

034 エアコンはこまめにとめると節電できる？

↓余計な電気代がかかる

夏や冬はエアコンの消費電力が多くなるから節約しないと。そんなふうに思って、「風量を弱風にする」「エアコンをこまめに消す」などの対策をとったことはないだろうか。

確かに、どちらもなんとなく節約できた気になるが、残念ながらエアコンを弱風にしても、節約にはならない。それにエアコンをこまめに消すよりも、つけっぱなしにした方が電気代を抑えられるのだ。一時期はテレビや検証サイトでよく紹介されたため、知っているという人もいるだろう。

エアコンが最も電力を使うのは、室内温度と設定温度の差が大きいときだ。つまり、起動した直後から室内が設定温度になるまで、エアコンはフル稼働して電力を消費している、というわけである。エアコンを頻繁に消すと、室温が安定せずに電力消費も多くなるので、余計に電気代がかかってしまう。また風量が弱いと設定温度に達する時間も長くなるので、結果として電気代も上がってしまう。

こまめに切り替えるべきは、起動ではなく温度設定だ。夏場のエアコンは1度高くするだけで、10％も消費する電力が少なくなる。昨今の夏冬は気温の変化が激しいので、夏なら昼は温度を低くし、夕方から夜の涼しい時間は上げる、冬なら昼など温かい時間帯は温度を下げることを心がけると、健康と節約を両立できるだろう。

035 充電池は使い切って充電しないと寿命が縮む？

↓現在の充電池なら問題なし

携帯電話のバッテリーを充電するときは、「最後まで使い切ってから充電しないと寿命が縮む」といわれてきた。容量が残っている最中に継ぎ足し充電をすると、「メモリー効果」という現象が起こるからだ。メモリー効果とは、簡単にいえば残量40％で充電をすると、次に使うときには全体の60％しか通常の電圧では使えなくなる現象だ。この現象を防ぐために、充電池は空の状態で充電するのがベストとされてきた。

しかし、現在のバッテリーではメモリー効果を恐れる心配はない。この現象は昔の主流だったニッケル・カドミウム充電池（ニカド電池）やニッケル水素電池のみで起きるので、現在主流のリチウムイオン電池ではみられないからだ。

ただし、リチウムイオン電池の寿命を縮める使い方はある。このバッテリーは高エネルギーを生み出すために、内部は衝撃や熱に弱い。そのため暑い場所に長時間放置すると機能が弱り、充電効率も下がることがあるのだ。ショートする危険もあるので、スマホなどを暑い場所に放置するのは避けた方がいい。

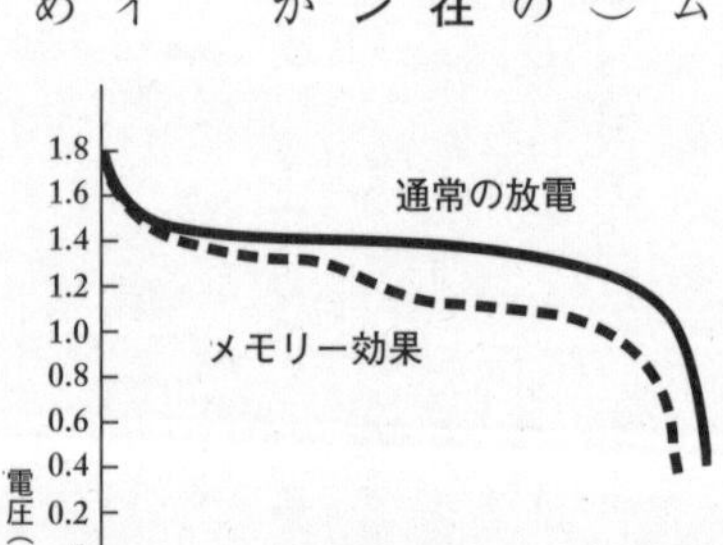

036

夾竹桃《きょうちくとう》は環境にやさしい植物？

→人を死なせるほどの毒を持つ

夾竹桃《きょうちくとう》は、6～9月に紅色や白色などの可憐な花を咲かせる。夏の青空の中で多くの花が群《むら》がるように咲くさまは、目にも鮮やか。乾燥や大気汚染に強いため、工業地域や幹線道路沿いに植栽されることも多い。

そんな目にも環境にも優しい夾竹桃だが、実は強い毒を隠し持っていることをご存じだろうか。**毒は葉や花、枝、根など木全体に及び、生木を燃やした煙までもが有害**なのである。

毒の成分は「オレアンドリン」という物質で、誤飲すると頭痛やめまい、痙攣、意識障害などが起こり、死に至ることもある。フランスでは夾竹桃の枝をバーベキューの串代わりに使用し、7名が死亡する事故が発生している。夾竹桃の原産はインドだが、隣国のスリランカなどでは自殺目的で服用するケースも多く見られるという。

日本でも、千葉県の牧場で夾竹桃の葉を食べた牛20頭に血便が見られた他、沖縄県では死亡例がある。沖縄には夾竹桃の一種であるオキナワキョウチクトウが生育しており、別名をミフクラギという。「目の腫れる木」という意味で、樹液が目に入ると炎症が起こり、最悪の場合は失明することもある。実は20センチ程度で色は緑や紅紫、どこかマンゴーに似た外見をしているが、もちろん食べてはいけない。誤って口に入れた1歳児が救急搬送されている。きれいだと思って手にすると、毒で思わぬ苦しみを味わうかもしれない。

037 火事のときは濡れたハンカチが必須？

↓濡れていなくても問題なし

小学校の避難訓練で、「火事では濡れたハンカチを口に当てて逃げましょう」と教えられなかっただろうか。それは、火事で最も怖いものが炎ではなく、煙だからである。火災の死亡原因1位は火傷ではなく、煙に含まれる一酸化炭素による中毒だ。それを吸い込まないよう、濡れたハンカチを口元に当てることが避難の鉄則とされてきた。

ところが実際には、濡れたハンカチを当てても、一酸化炭素を防ぐことはできない。煤《すす》が肺に入るのを防げる程度で、**濡らすと通気性が悪くなって呼吸しにくくなる恐れもある**のだ。

では火災の際、一酸化炭素中毒にならないためにはどのようにすればいいのか？　最も簡単な対策は、ビニール袋を被ることだ。

ビニール袋を頭から被って首元を締めると、簡易の耐火ヘルメットになる。視界を遮らない透明なタイプを使い、被る前に大量の空気で膨らませるのが重要だ。空気穴がないと窒息するのでは？と疑問を持つかもしれないが、息には酸素も含まれているので、5分程度なら問題はない。

ただし、5分以上に経つと袋の中の二酸化炭素の濃度が上がり、窒息する危険が生じる。5分の安全を無駄にしないよう、しっかりと退路を確認してから身を屈めて、素早く逃げることが肝心だ。最近のビルは足元にも非常灯があるので、これを目印に避難するようにしよう。

038 練炭自殺は手軽で楽に死ねる?

→苦痛は徐々に大きくなる

練炭《れんたん》を燃焼させると、一酸化炭素が生じる。この性質を利用して一酸化炭素中毒で自殺する練炭自殺が、2000年頃から増えてきた。遺体の外傷が少ないからか、苦痛が小さいというイメージがあるのかもしれない。だが、実際には**少量を吸っただけでも大きな苦痛が伴う**のである。

一酸化炭素は、血液中で酸素を運搬するヘモグロビンと強く結びつく。その結合力は酸素の200倍以上。わずかに吸引しただけでも、血液の酸素運搬能力が低下し、さまざまな症状を引き起こす。一酸化炭素が空気中に0・04パーセント含まれているだけでも、1~2時間後には頭痛が生じるレベルだ。

血液中の一酸化炭素濃度が上昇すると、耳鳴りや視力障害、痙攣《けいれん》、血圧の低下、運動失調などが起こり、やがて意識があっても自力で動けなくなる。その間も症状は悪化し、猛烈な吐き気や頭痛に苛まれ、やがて呼吸ができなくなって死んでいく。苦しさのあまり自殺を思いとどまろうにも、すでに手足が動かせない可能性もある。運よく命拾いをしたとしても、記憶障害や排尿障害、運動障害、抑うつなどの後遺症が残る場合もある。

楽に逝けるどころか苦痛を伴う練炭自殺だが、この方法による集団自殺がたびたび発生し、社会問題となっている。近年では練炭を購入する際に販売店から使用目的などを確認される場合もあるという。

039 オシドリの夫婦は一生を添い遂げる？
↓毎年相手を替えている

仲睦《むつ》まじい夫婦を例える言葉に、「おしどり夫婦」がある。オシドリのオスは繁殖期になると色鮮やかな羽色になり、メスに寄り添いながら泳ぐ。その様子が仲よし夫婦に見えることから、おしどり夫婦という言葉が生まれたが、はたから見ると仲よしでも、実際の関係はかなりドライだ。

オシドリは1〜3月にカップルとなり、繁殖期に入ると大きな木の洞に巣をつくる。その際に場所を決めるのはメスで、巣づくりを担当するのもメス。ヒナの面倒を見るのもメスだ。オスには外敵から巣と卵を守る役割があるものの、子育てにはタッチしない。

オスがメスと一緒にいるのは、交尾から産卵するまでの時期だけである。しかも、ヒナがかえる頃にはさっさと巣を去り、別のパートナーを探しにいってしまう。つまり、より多くの子孫と遺伝子を残すために、オシドリのカップルは毎年相手を替えているのだ。

オシドリのメス（左）とオス（右）

生涯同じパートナーと添い遂げる鳥は、北海道東部を中心に生息するタンチョウや特別天然記念物のアホウドリなどである。彼らこそが「おしどり夫婦」にふさわしいといえるだろう。

040 クマに遭遇したら死んだふりが有効？

↓死肉を食べるクマには無意味

クマに出遭ったときは、死んだふりをすればいいといわれる。クマは死肉を食べないので、死体のふりをすれば助かるという理屈だ。すでに中世ヨーロッパでは広く知られた対策だったようで、イソップ物語にもクマを死んだふりでやり過ごす話がある。

しかし、この対策は現実的にはまったく効果のない、大変危険な行為である。**クマが死肉を食べないというのは俗説で、死んだ動物でも平気で食べるのだ。**満腹だったとしても、好奇心が強い若いクマだと、じゃれつかれて大けがを負う恐れがある。強靭《きょうじん》な顎《あご》と爪で弄ばれるので重傷は免れない。似た対策として、地面に伏せて両腕で後頭部を守るというものもあるが、クマが相手では負傷は避けられない。

クマと遭遇したときは、目を合わせずに両腕を振りながら、ゆっくり後退するのがいいとされる。威嚇をしようと突進してきたら、じっとするか大声で威嚇し返せば、驚いて退散することが多い。どうしてもクマのいる環境に行くのなら、護身スプレーを携帯すれば安心感は増すだろう。

クマに出遭うことなんてないという人が大半だと思うが、近年はクマが山から都会へ向かう事例が多発している。エサの減少、観光客の餌づけなどが原因だ。もしもクマに遭遇したら、死んだふりだけは必ず避けるようにしてほしい。

041 ウサギは繁殖力が強い？

↓性欲が強く1年中交尾できる

つぶらな瞳に柔らかな毛並みが可愛らしいウサギ。そんなウサギには、意外な一面がある。性欲と繁殖力が非常に強いのである。

イヌやネコには周期的な発情期があるが、オスのウサギには発情期がない。**およそ生後4カ月頃から寿命が尽きるまでずっと発情し続ける**のだ。性欲はすさまじく、ペニスが腫れ出血しても交尾をやめないこともある。

また、イヌなどは、メスが排卵する数日の間に性行為があれば受精するため、交尾と排卵の時期がずれると妊娠しない。だがウサギのメスは交尾の刺激によって排卵が誘発される。交尾の時間は数秒程度と短いが、この性質があるために、精子が送り込まれればほぼ確実に妊娠するのである。さらに**妊娠期間はわずか1カ月で、出産したその日に妊娠することもできる**。

その生殖能力の高さゆえ、ウサギは欧米において、古くから多産や繁栄の象徴とされてきた。キリスト教のイースター（復活祭）ではウサギはシンボルとして扱われているし、俗な分野でいえば成人向け娯楽雑誌『PLAYBOY』のロゴマークにも、ウサギが採用されている。

なお、その優れた生殖能力が、人間にとって仇となったことがある。オーストラリアではウサギが外来種として異常発生し、農業被害が拡大したのだ。繁殖したウサギはウイルスを用いて駆除され、約95パーセントが処分されたという。

042 パンダを繁殖させるための秘策とは？

↓ポルノを見せて興奮を促した

2021年3月現在、野生のパンダの生息数は約1860頭で、絶滅の危機に瀕している。

減少した理由として生息環境の悪化などが挙げられるが、もともと繁殖が難しいこともあって、保護施設は頭を悩ませている。パンダの繁殖期は年に1回、2~5月の間とされるが、その期間中にメスの妊娠の可能性が高まるのは数日程度しかないのだ。世界中の動物園が繁殖に四苦八苦する中、奇想天外な作戦でこの難題を解決しようとした施設があった。それが東南アジアのタイ北部にある**チェンマイ動物園**だ。

チェンマイ動物園では、2003年に中国から貸与された、オスのチュアンチュアンとメスのリンフィというパンダがいた。この二頭を繁殖させるべく、オスのチュアンチュアンにポルノビデオを観賞させたのだ。

もちろん、チュアンチュアンが見せられたのは人間のポルノではなく、パンダの交尾を撮影したものだ。**中国ではパンダにポルノを見せて繁殖に成功した実績がある**ため、この作戦に賭けたのである。しかしチュアンチュアンがその気になることはなく、**作戦はあえなく失敗に終わった**。

その後、2009年に人工授精によってリンフィは妊娠、めでたく出産に至った。同国では初となるパンダの誕生だ。赤ちゃんはリンピンと命名され、飼育される様子を生中継する「パンダチャンネル」まで創設されて高い人気を呼んだ。

2章 事件・結社編

043 原子力実験ができるおもちゃがあった？

↓放射性物質入りで物議に

1950年、アメリカには「世界一危険な玩具」があった。玩具名は「The Gilbert U-238 Atomic Energy Lab」。A・Cギルバート社が販売した、**家庭での原子力実験を目的とした玩具**である。

セット内には、本物の放射性物質と実験装置が入っていた。放射性物質として封入されたのは4種類のウラン鉱石と、数種の核物質。実験装置は放射線観測でよく使われる機材の簡易版だ。「ウィルソン霧箱《きりばこ》」という放射線観測装置は、宇宙線研究で使われるものと同じ構造である。

このウィルソン霧箱に霧を充満させて中に放射性物質を置くと、本当に放射線が発生する。その動きをスコープで観測するのが、実験セットの遊び方だった。マニュアルはイラスト式でわかりやすく、**子どもでも手軽に放射線を作り出せる**とされていた。

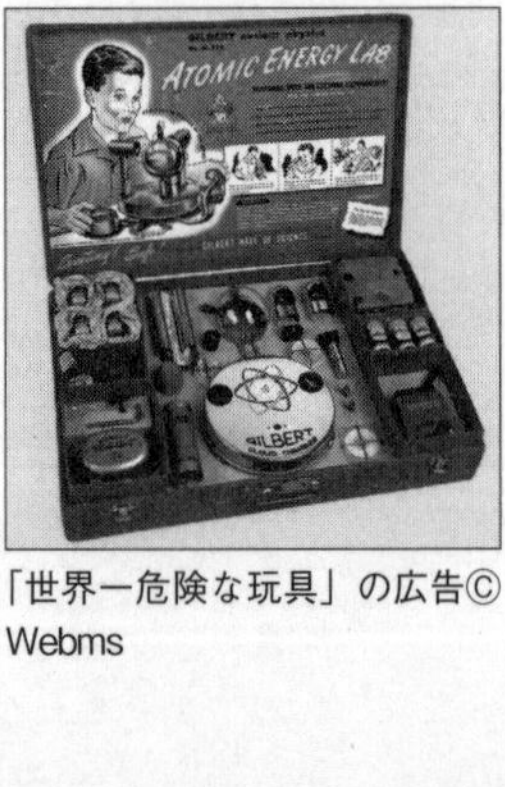

「世界一危険な玩具」の広告©Webms

当然といえば当然だが、放射線を発生させる危険性から、玩具は発売時から物議をかもした。企業は被曝の心配はないと主張したが、結局、玩具は発売1年後に全てが回収された。価格が高額で売れ行きはよくなかったようで、販売個数は5000個ほどにとどまったという。

044 機械のせいで核戦争寸前になったことがある？

↓電子機器による誤認が原因

アメリカとソ連が熾烈な核開発競争を続けた冷戦期。実は核戦争の一歩手前まで危機が及んだことがある。しかもその原因が電子機器の誤作動だったというから、驚きだ。

危機が起きたのは、1983年9月26日。ソ連の衛星が、アメリカのミサイル攻撃を察知した。3週間前にはソ連軍機が大韓航空機を撃墜する事件が起きており、米ソ間では緊張が高まっていた。規則に従い上層部に報告すれば、確実に核の報復が実行される。核戦争勃発の危機だった。

しかし、モスクワ郊外の観測基地責任者であるペトロフ中佐は、警告は誤報だと報告した。衛星は5発分の核ミサイル攻撃を警告したが、米軍の攻撃としては少なすぎたからだ。

ペトロフ中佐の予測どおり、ミサイル攻撃は誤報だった。電子機器は、衛星による太陽光をミサイルだと誤認したようだ。

核戦争の危機が迫ったのは、これが初めてではない。1967年にレーダーが不調を起こした際、米軍はソ連の電子攻撃を考慮して核攻撃の準備を検討したが、原因は太陽フレアの磁気嵐だった。1979年には国防省などのシステムが誤作動を起こし、防空警報が発令されている。

恐ろしいことに、**冷戦期の電子システムはこうした誤作動が珍しくなかった**。判断を誤っていたら、世界は人の住めない過酷な環境になっていたかもしれない。

045 ボストンが崩壊しかけたことがある？

↓シロップのせいで壊滅状態に

糖蜜《とうみつ》は、砂糖から作られるシロップの一種だ。主にカラメルや酒類の原料にされている。この糖蜜がアメリカの都市ボストンに壊滅的被害を与えたといったら、信じられるだろうか？

1919年1月15日、ボストンの港町ノースエンドでは、禁酒法の施行前に酒を大量製造しようと、材料である糖蜜の貯蔵を進めていた。

約17メートルのタンクに貯められた糖蜜は、約870万リットル。巨大タンクは本体が劣化しており、さらには設計ミスで強度が不足していた。しかもこの日は季節外れの高気温で、糖蜜が極度に膨張していた。

これらの不運が重なった結果、タンクは内部の圧力が高まって崩壊。**870万リットルもの糖蜜の洪水が、近隣の町に襲い掛かった**のである。

事故後のボストン。糖蜜の除去は半年以上かかり、事故から数十年は夏に甘い臭いが立ち込めたという

コメディー漫画のようだが、水より粘度の高い糖蜜が時速数十キロで流れ出すと、自動車や列車、家屋すらも簡単に破壊する。人間が飲まれれば泥中を泳ぐようなもので、糖蜜に襲われた住人は、次々と溺死した。倒壊家屋の下敷きになった者もおり、負傷者150名、死者21名という大惨事となった。死体は糖蜜でコーティングされて身元確認が困難だったという。

046 アメリカで唯一未解決のハイジャック事件とは?
↓D・Bクーパー事件

犯人の名前も顔もわかっているのに、50年も未解決のハイジャック事件。それが「D・Bクーパー事件」だ。

事件が起きたのは1971年11月24日、ポートランド空港から離陸した旅客機内において。男からCAに「爆弾を持っている」と書かれたメモが渡された。ダン・クーパーと名乗るその男が要求したのは、20万ドルの身代金とパラシュート。

シアトルの空港でそれらを受け取ると、男はパイロット以外の乗務員と乗客全員を解放して、メキシコへと向かった。このとき乗客は、誰ひとりとしてハイジャックに気づかなかったという。

離陸した機体を空軍機が追跡したが、犯人はパラシュートで飛び降るとそのまま行方不明となり、その後も足取りはつかめなかった。これが、**アメリカのハイジャック事件で唯一の未解決事件**となったD・Bクーバー事件の全貌である。

犯人候補は何人もいたが、決定的な証拠は見つからなかった。事件直後にはオレゴン州のD・Bクーパーが被疑者だと思われたが、証拠不十分でリストから外されている。なお、このD・Bクーパーという被疑者と、ハイジャック犯が名乗ったダン・クーパーをメディアが混同して、事件はD・Bクーパー事件と呼ばれるようになった。

誰ひとり傷つけず大金を手に入れた鮮やかさ。そしてアクション映画さながらの大胆さから、クーパーは今もアメリカで人気が高いようだ。

047 炭鉱の町セントラリアはなぜ人が住めなくなった？
→今も収まらない火災が原因

アメリカのペンシルバニア州にあるセントラリアは、かつて炭鉱の町として栄えていた。しかし、石油燃料の需要増加で廃れ、1960年代には普通の田舎町となっていた。そんなときに大規模な炭鉱火災が発生し、町から人が消えてしまった。

1962年5月、**放棄されていた炭鉱で突如火災が発生した**。ゴミ捨て場の火が炭層に引火したともいうが、原因は不明である。地元の消防隊が消火活動を行ないはしたが、石炭に引火した火は予想を上回る速さで燃え広がっていった。やがて火災で発生した有毒ガスが地上へと漏れ出し、住人への健康被害が危惧されるようになった。

早期鎮火を求める声が続出したが、政府は火災の消火は不可能と判断。住人全員の移転を1982年に決定した。この命令で住人たちが町を放棄したことで、セントラリアはゴーストタウンと化したのだ。住人全員には立ち退き料が支払われており、総額は約4200万ドル（43億円前後）にもなったという。

現在でも炭鉱火災は鎮火する気配を見せず、町中の道路や地面の隙間から炎やガスが発生している。**火の手は地下100メートル以上に及んでいるので、人力による消火は難しく、自然鎮火を待つしかない**。一説には、火が消えるまであと数百年はかかるという。そうした状況下でも残った住人はいて、2021年3月時点でも、数人がセントラリアに暮らしている。

048 ロレットチャペル教会の奇跡の階段は何がすごい？

↓支えがないのに崩れない

アメリカのニューメキシコ州サンタフェにあるロレットチャペル教会には、「奇跡の階段」と呼ばれる螺旋階段がある。

螺旋階段は、礼拝堂の1階と2階の桟敷《さじき》席を繋ぐためにつくられた。教会の建設工事が始まったのは、1873年のこと。当初、作業は順調に進んでいたが、設計士が階段を設計し終える前に急死したことで、修道女たちは途方に暮れた。

そこで9日間祈りを捧げると、老人が現れた。老人はハンマーと鋸《のこぎり》とT定規のみを使い、たったひとりで階段設計の作業をこなした。そして半年、螺旋階段は無事仕上がったのである。

完成した螺旋階段は、不思議な特徴を持っていた。通常の螺旋階段は支柱が必要だが、老人の階段には支えがない。にもかかわらず、**人間がどれだけ乗っても崩れることがない**のだ。

現在では手すりがつけられているが、大部分は建設当時のままだ。階段を上がった人の証言によると、**足が跳ねるような感覚がある**という。

作成者は変装した著名な建築家とも、聖母マリアの夫で大工をしていた聖ヨセフともいわれているが、その正体は不明である。教会の信者には聖人の所業と信じ、「聖ヨセフの螺旋階段」と呼ぶ者もいるようだ。

ロレットチャペル教会の階段© MARELBU

049 爆発事故に見舞われた教会に起きた奇跡とは?

↓偶然が重なって犠牲者がゼロ

1950年3月1日、アメリカのネブラスカ州ベアトリスにある教会で、爆発事故が起こった。原因はガス漏れで、大爆発によって火が教会を包み、大部分は炎上した。

事故が発生した時間は、聖歌隊の練習時間だった。本来であれば大惨事は免れないが、奇跡的に死者はおろか、怪我人すらひとりもいなかった。その理由は、**事故の日に限って全員が、別々の理由で遅刻したからだった。**

聖歌隊のメンバーは、普段は遅刻をしない真面目な人物ばかりだった。しかし、牧師は娘の着替えに手間取って遅れ、ある高校生は宿題に手間取り、ある者はその日に限って車の調子が悪かった。他にも、手紙の執筆に時間がかかって遅刻した者、寒かったので家でゆっくりしすぎて遅れた者、ラジオ番組を聞きたかったがために普段より遅めの出発となった者など、それぞれの理由で到着が遅れた。今まで一度も遅刻をしたことがなかった指揮者も、子どもがなかなか起きなかったせいで、初めての遅刻をしている。

こうして聖歌隊は、15人全員が別々の理由で5分程度の遅刻をした。そのおかげで、誰ひとりとして爆発事故に巻き込まれなかったのである。**こうした偶然が起きる確率は、100万分の1とも100億分の1ともいわれている。**事故現場の教会を見た聖歌隊の面々は、この偶然を神の奇跡として喜んだという。

050 映画「悪魔の棲む家」にはモデルの事件がある？

↓モデルの事件は捏造

1979年に公開されたホラー映画「悪魔の棲む家」。殺人事件が起きた家を購入した家族が怪奇現象に見舞われるさまを、ドキュメンタリータッチに描いた作品である。この映画が参考にした事件が、**アミティヴィル事件**だ。

事件が起きたのは1975年12月、舞台はニューヨーク州ロングアイランドのアミティヴィル。5人家族が家を購入すると、多くの怪現象に襲われた。誰もいない部屋や廊下から足音が聞こえ、透明な誰かにつかまれることもあった。子どもたちは家の中で少年と友だちになったというが、もちろんそんな少年はいない。

両親が家の過去を調べたところ、驚くべき事実が判明する。一家が購入する前年に、家族6人が長男によって射殺されていたのだ。長男が犯行に及んだのは、「頭の中で誰かに殺せと命令された」からだという。家の周辺は先住民が病人を隔離したといういわくつきの土地。のちにテレビ番組が廊下に隠しカメラを仕掛けたときには、少年の霊が映り込んでいたという。結局、家族はわずか28日で家を手放した。

さて、大々的に騒がれはしたものの、**アミティヴィル事件には虚偽が多い**。事件の顛末は、射殺事件を起こした犯人の弁護士が、無理やり発表させたのだ。家を手放したのは家庭崩壊が原因で、少年の霊を映したテレビ番組に関しては、単なるヤラセ映像だったことがわかっている。

051 トルクメニスタンの地獄の門はなぜ炎が出る?

↓天然ガスに引火した

トルクメニスタンには、「地獄の門」と呼ばれる炎の大穴がある。位置するのは首都アジカバードから北約260キロ、カラクム砂漠の中央部。深さは約20メートル、幅約90メートルにも及ぶ。内部では炎が絶えず燃え上がり、明かりは夜だと数キロ先でも見ることができる。熱風と炎が上がる様子は噴火口のようだが、**正体は地質調査中のミスで生じた、天然ガスの噴出口**である。

1971年、ソ連が砂漠の地質調査を行った際に、地下で大量の天然ガスが発見された。その掘削作業中にミスが生じて大規模な崩落事故が発生。大穴から有毒ガスが噴出してしまう。するとソ連当局は、ガスの流出を防ぐために火をつけたのだ。

事故から半世紀が経っても、消火の目途《めど》は立っていない。自然鎮火は期待できず、砂漠の資源開発も進んでいないのが現状だ。

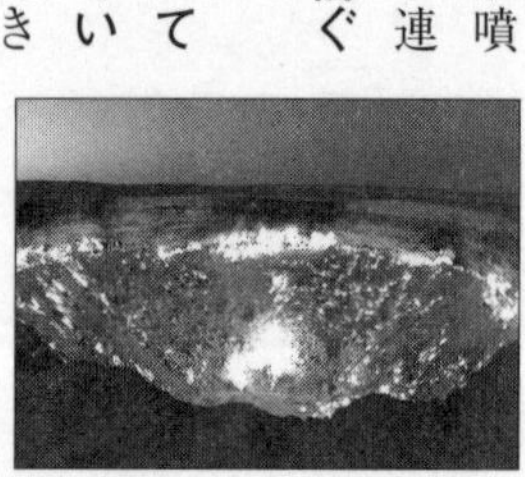
地獄の門© Tormod Sandtorv

天然ガスというドル箱には手をつけられないものの、地獄の門は観光資源として活用されている。政府は穴への接近を禁じておらず、旅行会社がツアーを組むこともある。接近した様子を動画に収めて配信サイトにアップする者もいるが、軽い気持ちで行こうとは思わない方がいいだろう。うっかり足を滑らせたら、本当にあの世行きとなるのだから。

052 少女をかたどった墓に起きた不思議な現象とは？

↓150年以上献花が絶えず

ドイツのフランベルクには、キャロライン・ウォルターという少女が眠る、不思議な墓がある。墓は町の彫刻家によって、死亡時の少女の姿をそのままかたどって作られた。**心を痛めた彼女の姉が、妹をかたどった墓を希望したためだ**。だが、この墓が注目されるのは、特徴的な形のためではない。死亡時から現在まで続く、不可思議な出来事のためだ。

1867年、キャロラインは自宅で病死し、ベッドに横たわった姿をかたどった墓が作られた。不思議なことに、**墓が完成すると少女の腕部分には花が添えられるようになった**。

墓石に花が添えられるのは普通のことだが、花は毎日欠かすことなく置かれ続けた。しかも**少女の死から150年以上が経った今でも、献花は続いている**のだ。

誰が何のために添えているのかは、今もわかっていない。この出来事を知った観光客や超常現象マニアが置いている、ともいわれている。ありえそうだが、観光客の仕業だったら、墓は大量の花で埋め尽くされているはずだ。

有力視されているのは、少女の子孫が供えているという説だ。最初のうちはキャロラインの姉か親族がしていた供養を、その子どもや孫が受け継いだ。ただし、肝心の実行者は特定できていない。謎は残るが、その行動に少女への弔意《ちょうい》があることだけは、確かだろう。

053 ヨーロッパに現れた緑色の子どもの正体は?

↓日のない国から来たと自称

イギリスのサフォーク州にあるウールピットには、奇妙な子どもたちの伝承がある。

時は11世紀、町近辺の洞窟で二人の子どもが発見された。**少女と少年は姿形こそ人間だったが、皮膚は緑色だった。**服は村にはない材質でできており、明らかに普通の人間ではなかった。

二人は英語を話せず、料理を出されても緑の豆以外は口にしなかった。ほどなく少年は病で死んだが、少女は村の食事に慣れて英語も覚えた。そこで村人が出身地を訪ねたところ、「日が全くないところから来たの」と話したという。やがて少女の皮膚は緑色ではなくなり、そのまま地上で生涯を終えたとされる。

似たような逸話は、スペインのバンホス村にも残っている。19世紀末に村の洞窟から緑色の子どもたちが発見され、同じく地上の言葉を理解できず、豆しか食べなかったという。少年は病死し、少女はスペイン語を覚えて「日光の射さない国から来た」と話したが、ほどなく死亡したという。

その特徴から、子どもたちは**地上に迷い出た地底人**だと考える超常現象研究者もいる。宇宙人説や、体色異常で捨てられた子ども説などもあるが、正体は不明である。彼らのいた「日のない国」とはどこなのか? 真実は三度目の遭遇があったとき、わかるかもしれない。

054

「ハーメルンの笛吹き男」は実在していた？

↓子どもの失踪事件が元ネタ

村人の依頼でネズミを駆除したが、報酬を出し渋られた笛吹き男。約束を破られ怒った男は、笛の音色で子どもたちを誘い出し、そのままどこかへ消えていった――。童話「ハーメルンの笛吹き男」の顛末である。この話はフィクションだが、元ネタとなった事件はある。

ドイツのハーメルンにあるマルクト教会のステンドグラスには、1284年6月26日に起きた、子どもの集団失踪事件に関する詩が添えられている。失踪した130人は上品な身なりの男に連れ去られたという。この伝承が広まり、脚色を加えてつくられたのが笛吹き男の童話である。

なぜ子どもたちは失踪したのか？　1212年に少年たちが十字軍として聖地を目指す事件があったので、ハーメルンでも同様の出来事が起きたという説がある。その他、疫病や事故による大量死を表しているなど、さまざまな解釈があるが、確かなことはわかっていない。

注目したいのは、失踪者が若者だったという説だ。**失踪したのは、貴族の勧誘で新天地に旅立ったため**だという。笛吹き男は彼らを領地へと入植させたい、貴族かその使者だというわけだ。

中世社会では、豊かな生活を求めて人々が大移動することは珍しくなかった。ただ、当時としては当たり前のことがなぜ伝説として語り継がれたのかという謎も残る。失踪者の身に何が起きたのかは、神のみぞ知ることだ。

055 中世ヨーロッパで集団が踊り出す事件が起きた？

↓厳しい環境への不安が原因？

1518年7月、フランスのストラスブールで、女性が急に踊り出した。女性は踊りすぎて気絶したが、目を覚ますと再び踊り出し、3日3晩も踊り狂った。彼女を聖堂へと連行した民衆も呼応するように踊り出し、ついには数百人規模の狂乱になったという。

満足すれば解散するだろうと舞台や音楽が用意されたが、**群衆は衰弱するまで踊り狂い、ついには死者が出た。**市議会は住人の隔離を決定し、聖堂で回復祈願を続けた。そうこうしているうちに、騒動は収まったという。

この現象は**ダンシングマニア**と呼ばれている。1284年にはドイツのエアフルトにて、100人の子どもが死ぬまで踊り続けた。1374年にもラインラントで住民たちが突発的に踊りだし、「このままでは死にそうだ！」と助けを求める者もいたそうだ。中世ヨーロッパでは、同種の症状が7件確認されている。

似たような疾患として、舞踏病がある。脳の神経障害により、体がひとりでに動く症状だ。しかし、神経障害である舞踏病は、ダンシングマニアのようなパンデミックを起こすことはない。

中世のヨーロッパは、戦争や疫病が珍しくない過酷な環境だった。そうした災厄への不安が爆発して、住人たちが踊り狂ったという説がある。環境が命を奪うほどの狂乱を生み出すきっかけだったとしたら、非常に恐ろしい話である。

056

インドにはオオカミに育てられた少女がいた？

↓保護した牧師の捏造だった

1920年、インドの洞穴で、オオカミに育てられた二人の少女が発見された。ひとりは1歳半、もうひとりは8歳程度。発見したシング牧師は若い少女をアマラ、もうひとりをカマラと呼んで、孤児院で二人を養育した。二人の性質は動物そのものだったようで、服を着せてもすぐ裸になり、遠吠えをし、四つ足で歩いたという。

アマラは野生動物に近い状態で、1921年に死亡。カマラは二足歩行を獲得し、40程度の単語を習得したものの、1929年に亡くなった。

この驚きの出来事は、1942年に『狼に育てられた子』として出版されて、世界的な反響を呼んだ。だが、現在では捏造された可能性が高いとみられている。オオカミの母乳は人の母乳と成分が異なるため、人間の赤ちゃんには消化できない。それにオオカミと行動できるだけの移動速度に、人間の幼児がついていくのは不可能だ。また、シングは「少女たちは犬歯が異常に発達し、夜になると目が光った」と記述しているが、これは人体の構造上ありえない。他にも「写真に記録されている少女の姿と推定年齢が合わない」「シングの親族以外に少女が四つ足で歩く姿を見た者がいない」など、不審な点が指摘されている。

オオカミ少女の逸話は、シングが寄付金を募るために捏造したと考えられる。少女たちは障がいがあったために親に遺棄された孤児だと推測されており、オオカミとは無関係だろう。

057

米軍がUFOを回収したと発表したことがある?

→誤認と訂正されたが話題に

1947年7月1日、ニューメキシコ州ロズウェルに、飛行体が墜落した。回収した陸軍は「空飛ぶ円盤の存在が現実になった」と公表。すぐに気象観測気球の誤認と訂正したものの、世間は騒然となった。これが**ロズウェル事件**だ。

公式記録では誤認事件だが、UFO墜落が事実だったという考えは、根強く支持されている。

事件の30年後には墜落機回収に携わったという少佐が「異星人の乗り物だった」と発言し、1991年には民間UFO研究チームの調査により、周辺住民が異星人や未知の金属を目撃したことが判明したという。2007年には事件時に発表した元陸軍中尉の供述書が公表された。彼は事件後の格納庫で卵型の墜落機体と、1・2メートルほどの頭部が異常発達した2体の死体を目撃したという。

ロズウェル事件を報じた新聞記事

宇宙人の陰謀を唱える者は、次のように説く。事件後に政府は宇宙人と密約を結び、最新技術を提供された。これを利用してITテクノロジーをはじめとする新技術を開発したのだ、と。

1997年に再調査した空軍は、ソ連の原爆調査のための観測気球が墜落したと結論づけた。それでもUFO墜落説が支持されるのは、UFOには人を惹きつけるロマンがあるからだろう。

058 UFO事件の調査委員会 MJ-12は実在する？

↓根拠とされた文書は偽物

アメリカが宇宙人と密約を結んだという噂には、根強い支持者がいる。根拠とされているのは、MJ-12に関する機密文書である。

1940年代、アメリカでは未確認飛行物体の目撃情報が多発していた。1947年に起こったロズウェル事件は、特に有名である。そうした相次ぐ目撃情報を受け、トルーマン大統領が設置したUFO事件専門の調査委員会が、MJ-12であるという。

組織はアメリカトップクラスの技術者や軍人で構成され、トルーマンの引退後は歴代の大統領によって規模が拡大されたらしい。アメリカでのUFO事件や国家の重要問題の裏で暗躍し、1954年にはアイゼンハワー大統領と宇宙人の合同声明調印を成功させたといわれている。この調印によってアメリカは宇宙人のテクノロジーを提供される一方で、地球人への人体実験を黙認する取引をしたという。こうした組織の実情を記したのが、1987年に公表された340もの機密文書だという。

といっても、この文書は匿名で民間のUFO研究家に送られたもので、現在では偽物だと断定されている。それでも、「偽物を送ってMJ-12がデマだと信じ込ませようとする政府の陰謀だ」と信じる研究家も少なくない。MJ-12に関する噂は今後もなくならないだろう。

059

かつてワシントンDCにUFOが押し寄せた？

↓空軍発表では蜃気楼《しんきろう》

アメリカの首都ワシントンDCに、UFOのような飛行物体が大挙して出現したことがある。

1952年7月19日の深夜、ナショナル空港のレーダーが七つの未確認飛行体を感知した。空軍は戦闘機を出撃させたが、飛行体には接近できない。翌日深夜にもアンドルーズ空軍基地からオレンジ色に輝く球体の目撃情報が寄せられ、さらにバージニア州からも回転する飛行体の目撃報告が相次いだ。そして最初の目撃から1週間後の26日、飛行体の編隊がワシントンDCの上空に出現したのである。

トルーマン大統領は撃墜命令を発したが、攻撃前に飛行体は離脱。27日以降に出現することはなかった。**19日からの1週間で目撃された機数は68機。**事件は新聞の一面を飾り、「ワシントンUFO乱舞事件」として宇宙人研究史に残された。

飛行体の正体は謎のままだが、宇宙人のUFOだとする声は事件当時からあり、アインシュタインも大統領に「未知なる知性体の科学を認めるべきだ」と忠告したという。

空軍の公式発表では、「気温の逆転層」が原因だとされている。いわゆる蜃気楼《しんきろう》の一種である。この事件でアメリカがUFOの脅威を悟り、国家安全保障局NSAを発足させたと考える超常現象研究家もいるが、確かなことはわからない。

060 アメリカには宇宙人の実験場エリア51がある？

↓航空監視の実験場として存在

宇宙人の実験場だと噂される米軍の基地といい、**51**。正式名称はグルーム・レイク空軍基地エリアネバダ州ラスベガスから150キロ離れた砂漠地帯に位置している。

この基地がUFO実験場だと騒がれるようになったのは、1989年のこと。自称科学者のロバート・ラザーが地元テレビ局のスペシャル番組に出演したときに、「エリア51で政府による宇宙人の実験と研究が行われている」と暴露した。

ラザーの証言はデマカセだったが、彼の告発を機にエリア51の証言者が続出した。エリア51は地下14階まであり、そこでは何種族もの宇宙人が研究と実験に使われているという。最深部には、ロズウェル事件のUFOや宇宙人の死体が保管されているらしい。基地近辺の特別区画「S-4」は、宇宙人のクローンや人間とのハイブリット体を作る研究まで行われているという。

当初こそ政府はこうした噂を無視していた。ところが2013年に、突如としてエリア51の存在を認めたのである。といっても、宇宙人の研究所としてではなく、**航空監視活動の実験場であると発表**しており、UFO研究との関係性は否定している。

そうした政府の発表に、疑念を抱く研究家は多い。徹底的に謎が解明されない限り、今後も疑惑の声は上がり続けると思われるが、果してそんな日はくるのだろうか。

061 飛行中に宇宙人に誘拐された男がいる？

↓飛行に不慣れだっただけ？

原因不明の失踪事件の中には、UFOによる誘拐が噂される事例もある。オーストラリアのパイロットであるフレデリック・バレンティッチの消失も、宇宙人の関与が囁《ささや》かれている。

1978年10月21日、モラビン空港からタスマニアへと出発したバレンティッチ機に、異常が起きた。**未確認機がバレンティッチのセスナ機につきまとったという**。バレンティッチは管制塔と交信していたが、やがて「飛行機ではない」という報告と金属音を最後に、消息を絶った。

その後、バレンティッチは墜落死として処理された。事故の数年後にバレンティッチ機とみられる残骸が発見されたので、海面に墜落したのは確かだろう。

バレンティッチ

墜落したのは、バレンティッチが飛行に慣れておらず、**方向感覚を喪失した**からだとされている。彼が目撃したという飛行体は、海面や空のきらめきの誤認とされた。

しかしこの仮説では、事故直前に聞こえたという金属音の説明ができない。そこでUFO研究家の間では、バレンティッチは宇宙人に誘拐された、もしくはUFOの攻撃で撃墜されたと信じられているのだ。失踪当日には、現場近隣の灯台で海中から飛び出す発光体の写真が撮影されたという（事件との関連は不明）。

日常編
事件・結社編
歴史・地理編
文化・伝統編
科学編
法律・制度編

062

家畜の血が抜き取られる現象は宇宙人の仕業？

↓肉食動物の仕業かそれとも…

家畜が体の一部と全ての血液を抜かれた状態で発見される現象。これを**キャトル・ミューティレーション**という。宇宙人による実験だとして、話題になった出来事だ。

初めて確認されたのは、1967年9月9日のコロラド州の牧場において。現場には、不自然な焼け跡や焦げた肉片もあったといわれる。この事件から同様の変死事件が各地で多発。これが次第に「宇宙人の生物実験ではないか」と囁かれるようになった。

1979年に調査したFBIは、野生動物の襲撃と結論づけた。それでも、**血液が全て抜き取られる点や、死骸周辺に足跡や引きずった跡がない**ことなど、説明がつかない謎は残っている。

その後も家畜の不審死は続き、日本においても1989年に青森県の農場で牛2頭が怪死する事件が起きた。**現在判明しているだけでも、世界で最低1万頭の家畜が被害に遭っているという**。

では、仮に宇宙人の仕業だとしたら、家畜を狙うのはなぜなのか？　生体実験のサンプルとして使われ投棄されたと唱える者もいれば、栄養源を得るために血だけ抜き取ったと唱える者もいる。

この他には、チュパカブラという吸血生物に襲われたという説や、軍の秘密実験に利用されたとする説にも、根強い支持者がいる。現場付近で黒い軍用ヘリを目撃した事例もあるというが、決定的な証拠はない。真相はいまだ藪の中である。

063 アカシックレコードは宇宙と人類の時を記録？

↓根拠はないがファンは多い

宇宙誕生から約140億年が経ち、人類は地球上で700万年もの歴史を育んできた。そんな宇宙と人類、そして個人の過去と未来の全てが記録されているとしたら？ そのような運命の保管庫を表す概念が「アカシックレコード」だ。

アカシックレコードは、簡単にいうとこの世のあらゆる運命を記録した別世界のデータバンクだ。この概念を最初に唱えたのは、神智学の創設者ヘレナ・ヴラヴァツキー。「アカシック」はインド哲学で虚空を意味する「アーカーシャ」が変化したもので、ヴラヴァツキーは全ての人間がこのアーカーシャ内の記録に従った人生を辿ると説いた。哲学者のルドルフ・シュタイナーはこの仮説をさらに発展させ、全宇宙の運命を次元の彼方に記録したものと信じた。この運命記録をアカシック・レコードと名づけたのも彼である。

アカシックレコードの概念は、催眠療法師のエドガー・ケイシーによって広められた。彼の治療や書籍が人気を博したことで、運命の保管庫の概念にも一部で支持が集まったのだ。

アカシックレコードには、一般人でも集合的無意識を通じてのアクセスが可能だといわれ、その気になれば書き換えもできるようだ。だが**保管庫には嘘の情報も混じっており、書き換えは容易ではないらしい**。そもそも科学的根拠はないが、信じるのも信じないのも個人の自由である。

064 スピリチュアルブームはどのように生じた？

↓19世紀半ばのある姉妹が口火

霊的神秘にまつわる儀式や思想を意味する「スピリチュアル」。この概念は、19世紀にアメリカのフォックス姉妹がきっかけで、世に広まった。

1848年3月31日、ニューヨーク州ハイズビルにおいて、次女のマーガレットと三女のキャサリンは、不思議な現象に見舞われた。**自宅で商人の霊と交信した**という。交信に基づき地下を掘り進めると、人骨が発見されて大騒動になった。

のちに**ハイズビル事件**と呼ばれるこの出来事は、新聞各社に大々的に取り上げられた。その後、二人は長女リアの手引きにより、アメリカ全土で交霊会を実施。アメリカ中で爆発的な心霊ブームが巻き起こった。

工業化への抵抗で精神主義を尊重する運動が過熱していたイギリスでも、スピリチュアルは人気を博した。その波は他の欧州諸国にも広がり、スピリチュアルは知名度を一気に上げた。

しかし、1888年10月にマーガレットが驚くべき告白をする。交霊は妹と仕組んだ悪戯《いたずら》で、**交霊術は全てトリックだった**というのだ。**告白の裏には、長女リアと二人との対立があったらしい**。報酬をリアに独り占めにされてきた腹いせだったようだ。

マーガレットは1年半後に発言を撤回したが、彼女の暴露でスピリチュアルブームは去った。その後、キャサリンは1892年、マーガレットもその翌年に死亡。リアも行方知れずとなった。

065 大日本帝国憲法は盗まれたことがある？

↓憲法草案入りの鞄が盗難に

大日本帝国憲法は、東アジア初の近代憲法である。その草案作成で中心的な役割を担ったのが、初代内閣総理大臣・伊藤博文だ。1887年から、伊藤はのちに法制局長官に就任する井上毅《いのうえこわし》や、秘書官の伊東巳代治《いとうみよじ》、金子堅太郎《かねこけんたろう》らとともに憲法案の起草に取り組んだ。その過程で、信じられないような大失態が起こっている。

煩わしさを避けて密かに草案作成を進めるために、一同は相州《そうしゅう》金沢（横浜市金沢区）の東屋という旅館で、作業に専念することとなった。金沢は避暑地として人気が高く、多くの旅館が立ち並ぶエリアだった。

事件が起きたのは、1887年8月6日夜のこと。**東屋に泥棒が侵入し、憲法草案が入った伊東秘書官の鞄を盗んでしまったのである。**

伊東巳代治（国会図書館所蔵）

上を下への大騒ぎとなったが、幸いにも窃盗犯には草案の価値がわからなかったようで、近所の畑に捨てられているところを発見された。

これに懲りたメンバーは横須賀の夏島《なつしま》にある伊藤の別荘に仕事場を移し、作業を継続する。憲法草案は1888年3月に無事脱稿し、翌年2月11日に発布された。この盗難事件の顛末を記した『伊藤公憲法資料盗難之顛末』は、横浜開港資料館に所蔵されている。

066

裁判で超能力者か否か争われた女性がいる？

↓法廷では超能力と認められた

超能力を信じるか信じないかは個人の自由だが、明治時代にはその実在をめぐって、裁判が行われたことがある。

被告は、1863年に山形県で生まれた**長南年恵**という女性だ。年恵は29歳頃に神通力に目覚めたといい、**空っぽの瓶に水を湧き出させることができたという**。しかもその水は、どのような病も治す力を持つ霊水であったとされる。この霊験《れいげん》あらたかな水の噂はたちどころに評判となり、彼女の家にはこれを求める人が大勢押し寄せた。

一方で、彼女は神通力をインチキだと疑われ、詐欺行為の容疑で、たびたび山形県警に勾留された。そして移住先の大阪では刑事告発を受け、ついには裁判沙汰に発展したのである。

裁判は、1900年12月に神戸地裁で開かれた。その際、霊水を出現させられるか否かの実証実験が行われている。年恵は別室で裸にされ、手品のタネを持っていないか厳重に確認された。

裁判長から封をした空の2合瓶を渡され、年恵は何も置かれていない部屋に入った。数分後、年恵が部屋から出ると、手には水で満たされた瓶。これにより、**裁判長は年恵に無罪判決を下した**。

年恵が霊水を出す瞬間を目撃した人はいないので、トリックの可能性は否定できないものの、国家機関は彼女の超能力を本物と認めたのだ。なお瓶の中の水は茶褐色をしており、裁判長が試飲すると薄い酒の味がしたという。

067

八つ墓村のモデルになった事件がある？

↓一晩で30人が犠牲に

岡山県の北部に位置する津山市加茂町は、四方を山に囲まれた緑豊かな地域だ。町の中心には加茂川が流れ、釣りを楽しむことができる。

そんな自然にあふれた加茂町でかつて、日本の犯罪史上類を見ない大量殺人事件が起こっていた。それが1938年5月21日深夜に発生した**津山30人殺し**である。

惨劇の舞台となったのは、貝尾と坂元という集落。犯人は21歳の青年・都井睦雄《といむつお》だ。

都井は犯行前に村に通じる電線を切断し、集落を闇に沈ませた。ポケットに実弾約100発を忍ばせ、日本刀や散弾銃などで武装して殺戮の準備を整えると、最初に祖母を斧で惨殺。これを皮切りに**近隣の家に踏み込んでは、手当たり次第に殺傷した**。犯行は2時間にも満たなかったという。

通報を受けて警官が駆けつけたときには、すでに28人が死亡し、重傷を負った2人もその後に死亡した。都井は山中に逃げ込んだのち、自らの銃により自殺を遂げている。

都井は少年時代より病弱で、肺結核を患って徴兵検査は不合格だった。親しくしていた女性たちからは病気を理由に冷淡な態度を取られ、関係を拒絶されるようになった。これに憤った都井は村全体に憎悪を募らせていったという。

この陰惨な事件は、のちに小説や映画の題材としても取り上げられた。特に横溝正史が著した『八つ墓村』のモチーフになったことは有名だ。

068 クマが人を襲った札幌丘珠事件はなぜ有名になった？

↓天皇が剥製を見学したから

普段は山に暮らすクマが、猟師から逃げたり食料を求めたりして、人の住む集落へと侵入することがある。時には人が命を奪われる事件も起きるが、そうした事件のうち、最もセンセーショナルに語られてきたのが、1878年1月11日から起きた**札幌《さっぽろ》丘珠《おかだま》事件**だ。

原因は、猟師が冬眠中のヒグマの射殺を試みたことにある。ヒグマは手負いとなったが、弾は急所を外れた。ヒグマは猟師を殺し、そのまま札幌市内へと降りていった。

市は駆除隊を出動させたが、悪天候の間にヒグマは村々を転々として、ついには丘珠村で犠牲者が出てしまう。炭焼き一家の夫と息子が死亡、妻と雇い人が重傷を負ったのである。

18日になって、ようやくヒグマは射殺された。北海道大学で解剖された胃袋からは、犠牲者の髪や肉片が発見された。

これより多くの犠牲者を出した熊害《ゆうがい》事件は、他にもある。それでも事件が広く知られたのは、天皇が剥製を見学したからだ。明治天皇は1881年夏の北海道行幸の折に札幌市を訪問し、北海道大学に保存されたヒグマの剥製とアルコール漬けにされた胃の内容物を見学したのである。

この事実は大々的に伝えられ、行幸参加者の紀行文にも多数記録された。これがきっかけとなり、札幌の惨劇は、**戦前日本における熊害事件の代名詞として語り継がれた**のである。

069

終戦直後に天皇を自称した男がいる?
↓熊沢天皇を名乗ってブームに

「我こそが正当な皇位継承者である」。太平洋戦争直後にそんなトンデモ発言で世間を騒がせた民間人がいる。それが**熊沢天皇**だ。

熊沢天皇は本名を**熊沢寛道**《ひろみち》といい、名古屋市で雑貨店を営んでいた。熊沢家には「南北朝時代に北朝に皇位を奪われた、南朝の後亀山《ごかめやま》天皇の末裔だ」という〝伝承〟が受け継がれていたという。

1945年9月、熊沢はGHQに自分が皇位継承者であると陳情書を送付した。そこには「現天皇は陰謀と暗殺で皇位を奪った者の子孫であり、戦犯である」という過激な文言もあった。

その主張は占領軍の機関紙『星条旗』や『ライフ』などに掲載され、熊沢は一躍有名人になる。にわかにブームが起こり、**日本各地から彼に講演依頼が舞い込んだ。**

熊沢天皇

気をよくした熊沢は、「大延天皇」を名乗って〝即位〟し、南朝ゆかりの奈良県の吉野に皇居を定める〝詔勅《しょうちょく》〟まで発する。さらに共産党員に天皇打倒の共闘を申し込むなど、話題をさらった。

だが、熊沢以外にも天皇を自称する人物が次々と現れ、ブームは下火になっていく。焦った熊沢は1951年東京地裁に「昭和天皇は天皇として不適格」と提訴するも、裁判所はこれをあっさりと却下。熊沢は人々から忘れられた存在になり、1966年に78歳で〝崩御《ほうぎょ》〟している。

070 被害者も加害者も死んだ事件がある？

↓暴力団家族と闇金家族が死亡

2017年に劇場公開されたバイオレンス映画「全員死刑」には、モデルとなった事件がある。2004年9月に福岡県大牟田市で起きた**大牟田《おおむた》市4人殺害事件**。闇金業者の一家と友人合わせて4人が殺害され、犯人の暴力団一家も全員死刑となった事件である。

両家族は家族ぐるみのつき合いがあり、闇金一家の取り立てを暴力団一家が手伝うこともあったという。といっても、両者の間に信頼関係があったわけではない。借金苦にあった暴力団一家は、闇金一家が大金を隠し持っていることを知ると、金を強奪する計画を立てたのである。

9月16日、長男と次男は闇金一家宅に侵入すると、金庫を強奪した。家にいた闇金一家の次男を殺害し、その死体を川へと投棄。18日には父母が闇金一家の母親を拉致して絞殺し、残る長男とたまたま居合わせた友人をピストルで射殺して、3人の遺体を川に投棄している。

邪魔者がいなくなると、暴力団一家の4人は被害者宅を漁った。だが、見つかったのは26万円とわずかな貴金属のみ。当ては完全に外れた。

しかも、杜撰《ずさん》な後始末で3日後に川に浮かぶ死体を通行人が発見。取り調べで母親は犯行を自供し、父親は逮捕を恐れて拳銃自殺を試みるも失敗。次男は逃亡の末に捕まった。そして裁判の結果、4人全員に死刑が言い渡された。**加害者が全員死刑となるのは前代未聞の出来事**であった。

071

中世ドイツの権力集団 聖フェーメ団の怖さとは？

↓有罪と判断されれば死刑に

13世紀のドイツでは戦乱が相次ぎ、治安が悪化して地方の一部が無政府状態に陥っていた。その混乱を治めるために結成された秘密結社が、**聖フェーメ団**だ。

組織の目的は、機能不全の司法権力に代わって裁判を行うことにあった。つまり、私的に悪人を裁いたわけだ。ただし、私的といっても無秩序な私刑ではなく、ルールに則って実行された。組織が目をつけた人間に出頭状を送り、判決役の「従僕」、裁判官の「陪席判事」、裁判長の「裁判官」立ち合いのもとで裁判を行ったのだ。被告人には弁護士をつける権利もあったというから、公的な裁判と仕組みは似ている。

ただし、法廷は基本的に非公開で、組織の法文は会員以外には伝えられなかった。しかも**有罪となれば、待っているのは死刑のみ。首をくくるための樹木が法廷には用意されていたという**。出頭状を3回無視すると強制的に国外へと追放されるなど、まさに有無を言わさぬ私刑集団だった。

会員は10万人を超えたといわれているが、実数は不明だ。その影響力は皇帝ですら無視できず、1371年には正式に司法権を承認されている。これによって聖フェーメ団は半ば公認の組織として活動したが、1811年にナポレオン軍がドイツ領へ侵入したことを機に解散した。その間約440年も、「地方法廷」として聖フェーメ団は君臨していたのである。

072 イエズス会は布教に熱心な穏健な組織だった？

↓国王らから弾圧されたことも

イエズス会は、戦国時代の日本にキリスト教を布教した組織である。日本布教の立役者であるフランシスコ・ザビエルをはじめ、宣教師は世界各地で精力的にキリスト教を広めたが、ヨーロッパでは布教に熱心なあまり、国王や領主から迫害を受けることもあった。

イエズス会は、教会の権力（＝カトリック）を非難したプロテスタントに対抗するため結成された。**その特徴は、教皇や教義への服従を何よりも重んじた点にある。**プロテスタントのみならず、汚職や不正に関わったカトリックの聖職者らも厳しく非難したのは、そのためだ。信心深さから「白でも教会が言えば黒とする」と評され、「キリスト教の戦士」とも称された。

そんな戦士のような熱心さが、問題になることも。**南米大陸で盛んだった奴隷貿易を非難したことで、貿易の後ろ盾になっていたヨーロッパの王族や領主から弾圧されるようになったのだ。**18世紀には圧力に屈した教皇によって布教を禁止され、表立って活動することができなくなった。

19世紀になると活動が許されるようになり、イエズス会は再び旺盛な布教に取り組んだ。現在ではカトリック教団体で2番目の規模を誇る。第266代ローマ教皇が輩出されたのは、このイエズス会である。

ザビエル（神戸市立博物館所蔵）

073 オプス・デイは中世社会の復帰が目的の怪しい組織？

↓怪しい噂の出どころは小説

中世社会への復古を目指しているといわれる宗教組織。それが**オプス・デイ**だ。

組織が設立されたのは1928年のスペイン。国民が政治闘争に疲れていた中、カトリック系の団体オプス・デイは、旧来のキリスト社会への復古を目指して設立された。

設立者のエスクリバは、全ての人々が聖なる生活を送るべきとして、神への祈りや慈善事業を奨励。同時に、キリストの受難を知るために苦行も勧めており、現在ではこれに基づいて断食や禁欲、さらには自分自身への鞭打ちを実践する信者もいるという。信者たちは「ヌメラリー」と呼ばれ、組織の施設で聖職者として働いている。

オプス・デイにまつわる噂は、次のようなものである。「1960年代にバチカンが現代的な改革を唱えたことに反発して、信仰に根差した世界の実現を追求した」「汚職事件を含むさまざまな騒動を裏で操った」「その理念は旧独裁政権に広まり、政治的な影響力が多かった」。

こうした噂から、オプス・デイはカルト的秘密結社とみなされることもあるが、これらは**小説『ダ・ヴィンチ・コード』の設定が独り歩きしたもの**だ。組織は透明性を高めようとしており、一般社会で生活する「スーパーヌメラリー」が増えつつある。現在の信者は9万人を超え、組織は90カ国以上で活動しているという。

074 国としても扱われるマルタ騎士団とは？

↓最古の騎士団で各地に支部が

聖地エルサレム奪還を目指して、ヨーロッパから中東へ幾度も遠征した十字軍。その支援組織として発足した騎士団が、現代に残っている。その名を**マルタ騎士団**という。

10世紀初頭のエルサレムでは、イスラム教徒に対抗するために巡礼者の支援施設が武装するようになっていた。中でも、アマルフィのイタリア商人団がつくった病院団の活躍は目覚ましかった。これが第一次十字軍遠征後、巡礼者保護を目的とした教皇直属の聖ヨハネ騎士団へと変化する。

十字軍がパレスチナから追われると聖ヨハネ騎士団も地中海を転々としたが、最終的にはマルタ島に落ち着き、16世紀に改称してマルタ騎士団となった。18世紀末にはナポレオンによって追放されたが組織は崩壊せず、19世紀には国家主権を有する「主権実体」として扱われることになった。

現在のマルタ騎士団は、慈善団体として国際的に活動している。**ローマに本部、世界中に支部を置き、110カ国以上と外交関係を持っている。**「領土なき国家」と呼ばれる所以《ゆえん》である。

まさに世界最古の騎士団だが、教皇との関係は安定しているとはいえず、2017年にはエイズ防止にコンドームを配ったことで、騎士団総長が辞任を求められたという。

マルタ騎士団の前身である聖ヨハネ騎士団を設立したブレスト・ジェラルド

075 サイエントロジーは科学に基づく宗教？

↓科学的根拠は薄い

科学を取り入れたアメリカの新興宗教**サイエントロジー**。その始まりは、１９５０年に作家のL・ロン・ハバードが、心身異常を治す「ダイアネティクス」という新技術を扱う団体を発足したことにある。

この技術には科学的根拠がなく、そのうえ無免許で医療を提供していたことで団体は解散に追い込まれた。するとハバードは、科学団体から宗教団体に鞍替えして、数十年もの活動を経て１９９３年に団体認定を得た。

団体の目的は、意識内にあるという生存本能「ダイナミックス」獲得の手助けだという。全部で８段階あるダイナミックスを得ることにより、人間は無限の存在を発見できると説いている。特殊カウンセリングでは、精神状態を計る装置「Eメーター」が使われることもあるようだ。

サイエントロジーはヨーロッパやアジアでの活動を広め、日本にも支部がある。アメリカでも約２万５０００人の信者がおり、ハリウッド俳優のトム・クルーズも入信している。

信仰は個人の自由だが、信者間の虐待疑惑が根強く、たびたび問題視されている。サイエントロジー側は認めてはいないが、脱退者が報復を受けたという話もある。元信者が度々告発をしており、中には日本語に吹き替えられた元幹部による動画も残っている。

076 南米にあるナチス残党の秘密組織とは？

↓ナチス党員を匿ったオデッサ

南米には、ナチス残党が現在も潜伏しているという都市伝説がある。そんな噂がまことしやかに囁かれているのは、敗戦後に戦犯指定を恐れた高官や武装親衛隊（Waffen-SS）が、世界各地に逃亡していたからだ。特に、南米には親独の国が多く、ナチ党員を匿《かくま》う秘密組織が存在していた。その一つが**オデッサ**である。

オデッサはドイツ敗戦から間もない頃に、秘密裏に設立された。ドイツ語の「元SSによる組織」の頭文字を取ると、ODESSA（Organisation der ehemaligen SS-Angehörigen）となる。

アルゼンチンなどに拠点をつくったオデッサは、逃亡を希望するナチ党員に偽の身分証を送った。希望者はアメリカ兵に成りすましたメンバーにスイスの国境まで輸送され、そこから中立国を経由して南米国へと送られる。逃亡資金は、戦時中に強奪したユダヤ人の財産で賄われたという。

こうした組織は多数つくられ、**約9000人のナチ党員がドイツから逃亡した**。中にはヨーゼフ・メンゲレのような、ホロコーストに深く関わった人物もいた。大半は逃亡先で余生を過ごしたようだが、秘密裏の行動だったことから不透明な点は多い。そのため、ナチス復活を目指して地下に潜伏したという伝説ができたのだろう。

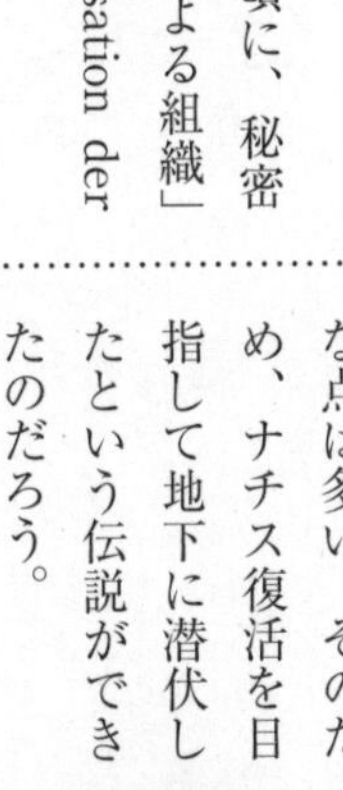

アウシュビッツで人体実験を行なったヨーゼブ・メンゲレ

077 東ドイツのシュタージが恐れられた理由とは？

↓暗殺やテロ支援が活発だった

冷戦中には、世界中で多種多様な諜報機関が暗躍していた。中でも西側に恐れられたのが、東ドイツのシュタージだ。

シュタージは、1950年に西側の工作阻止を目的に設立された省庁だ。正式名称は「国家保安省」といい、その実態は、西側に対して諜報を行うスパイ組織の元締めであった。**国家予算の1・3%にも及ぶ金を使い、国内反乱分子の粛清と、西ドイツを中心とした工作活動に従事したのだ。**

情報を集めようと一般人を抱き込み、「IM」という現地協力者にすることもあった。このような協力者を得て軍事、政治、経済に及ぶ情報を収集したが、活動範囲はそれだけにとどまらない。東側が劣勢となると東欧へのスパイ派遣も増え、反共人物の暗殺を実行。さらに反米テロリストを支援するという、映画さながらの活動も行なっている。1977年、西ドイツで設立された「ドイツ赤軍派（RAF）」が幹部の釈放を求めてハイジャック事件を起こしたが、この背後にいたのがシュタージだった。資金、隠れ家、偽の身分証を提供するなどして、テロを後押ししたのだ。

1990年の東西統一に伴いシュタージは解散し、現在ではその恐るべき活動の一端が明らかになっている。

シュタージのトップを長年務めたエーリッヒ・ミールケⓒドイツ連邦公文書館

078 イタリアでテロを主導した極右組織とは？

↓政財界の大物を集めたＰ２

第二次世界大戦後のヨーロッパでは、ソ連の支援で共産化運動が活発化しており、これに対抗しようとテロに走った反共組織も多い。現役の国会議員から軍の将軍、銀行頭取など、多くの要人が参加したイタリアのＰ２も、その一つである。

Ｐ２はフリーメイソンのロッジ（支部）の一つで、当初は政治活動と無縁だった。状況が変わったのは１９６０年。共産化の運動に危機感を抱いたリーチオ・ジェッリが対抗運動を始めたことで、ロッジは政治色を強めていったのだ。

主導者のリーチオはナチス残党オデッサとも繋がりのある、生粋の極右派だ。対抗運動は過激化の一途を辿り、左派の脅迫や買収、テロ行為にまで手を染めた。１９８０年にボローニャ駅を爆破した他、左派を暗殺したり他国の反共組織へ武器を横流ししたり、有力紙を買収したりしている。

こうした過激な行動は、民衆には受け入れられなかった。１９８１年にはリーチオ邸が家宅捜査され、組織はフリーメイソン本部から破門された。そしてメンバーの頭取が勤める銀行の破綻が決定打となり、組織は事実上消滅した。

しかし現在でも、Ｐ２は政財界に潜り込んでいるといわれる。元首相のベルルスコーニも元Ｐ２だったことが判明しており、イタリアでは非常に根の深い問題である。

P2のリーチオ

079 中国版フリーメイソンと呼ばれる洪門とは？

↓組織が巨大で歴史を動かした

アジアには、東洋版のフリーメイソンとも呼ばれる秘密結社がある。中国の秘密結社**洪門《こうもん》**だ。組織のルーツは、18世紀につくられた反清組織「天地会」にある。清国打倒と明王朝復興のために地下活動を行なっていた組織で、現在では天地会と洪門はほぼ同一の組織とされている。

清国が衰退すると、洪門は中国全土に広まった。**華僑《かきょう》ネットワークを通じて東南アジア、ヨーロッパ、アメリカ大陸にも進出し、組織力を強化。**農民の反乱である「太平天国《たいへいてんごく》の乱」に裏から加担したといわれる。清朝を倒した「辛亥《しんがい》革命」の指導者・孫文も、洪門の関係者だった。

洪門は現在も存続しており、自由と平等、強権支配と腐敗の撲滅を理念としている。中国では致《ち》公党《こうとう》という共産党の下部組織となっており、日本にも支部がある。世界各地の会員数は5000万人と公表しているが、正確な数は不明だ。

その出自から、洪門には今でも陰謀論が絶えない。共産党員や中国の著名人が多数入会していると噂され、「中国は洪門に裏から牛耳られている」と囁かれることもある。華僑ネットワークの強さから、台湾への影響力も危惧されているという。

また**三合会《さんごうかい》などの洪門から分離しマフィア化した組織もある**ことから、大規模なマフィア組織とみなされることもある。

だが、現在の組織は透明化を進めており、秘密結社としての色は薄まりつつあるようだ。

080 中国では反乱組織が王朝を築いたことがある？

↓明の初代皇帝は白蓮教

秘密結社は、時に反乱の原動力になる。中国の**白蓮教《びゃくれんきょう》**も、王朝にたびたび反旗を翻した。

白蓮教は、402年に東晋の僧が結成した白蓮社が起源だ。南宋時代に他の信仰と融合して白蓮教へと変化した。現世における救済を説き、**14世紀以降はモンゴル民族が立てた元王朝に反発する庶民の受け皿として、中国各地に広がった。**

元は幾度も禁令を出したが拡大は止まらず、王朝打倒の反乱がたびたび起きた。1351年、白蓮教が主導した紅巾《こうきん》の乱で元は倒され、明国が興された。初代皇帝の朱元璋《しゅげんしょう》も白蓮教徒だったが、皇帝就任後は宗派を裏切り弾圧側に回っている。

明が倒され清国が誕生しても、白蓮教への弾圧は止まず、むしろ一層強まった。清の時代は民間宗教との融合が進み、教義は神が世界の終末に信者のみを救うという、救済思想へと変化していた。そうした状況下で1796年に起こった最大規模の反乱が、嘉慶《かけい》白蓮教の乱だった。

湖北省《こほくしょう》で勃発した反乱は全国区へと広がった。数十万の反乱軍に清軍は苦戦し、結局、鎮圧に8年もかかって王朝の弱体化を示す結果となった。その後も白蓮教徒の反乱は散発的に続き、**元末期から清国崩壊までに起こした反乱の数は100回以上。**まさに中国史最大の反乱組織だった。

明の初代皇帝で白蓮教徒だった朱元璋

081 テロ未遂で死刑になった無政府主義グループとは？

→ギロチン社

大正時代末期の日本では、社会主義運動が活発だった。さまざまな組織がつくられ、中にはテロをも辞さない過激グループもあった。組織名は**ギロチン社**。無政府主義を掲げたグループだ。

ギロチン社は、国家権力を廃して個人の解放を目指す無政府社会を実現するべく、１９２２年に結成された。元々は農民の自立を目的としたグループだったが、支持が広がらなかったことでテロを辞さない姿勢へとシフトする。

そんな中で１９２３年、ある事件が起きた。関東大震災の混乱中に、社会主義者の大杉栄《おおすぎさかえ》一家が憲兵に殺害されたのである。

これを社会主義者への弾圧と受け取った組織は、**憲兵や軍に対する報復攻撃を実行した**。大杉を虐殺した憲兵大尉の弟や、陸軍の戒厳司令官・福田雅太郎殺害計画である。

だが、憲兵大尉の弟は殺害できず、福田への狙撃も失敗。それどころか銀行員を誤殺する失態を見せてしまう。警察は組織をマークし、１９２４年４月には首謀者の中浜哲を逮捕。他の主要メンバーの大半も、同年中に捕縛された。

中浜と幹部の古田大次郎には死刑判決が下されたが、この判決は**社会主義者への見せしめ**という側面が強かった。中浜は事件中に誰も殺していないし、連帯責任とするのは不自然だ。それでも無理やり死刑判決を下したところに、社会主義への警戒感が表れている。

082 日本軍の諜報力は欧米に劣っていた？

↓東機関の諜報力は高かった

日本軍は情報戦で米軍に後れを取ったと思われがちだが、実は優秀な諜報機関を数多く抱えていた。そのうちの**東機関**《とうきかん》は、**アメリカの原爆計画すら察知**していた。

東機関の設立は１９４１年12月22日、スペインにおいて。当時のスペインは中立国だったので、東機関は連合国の監視を逃れて活動できた。所属スパイは12人とされるが、正確な数は不明だ。

スペイン人の協力を経てアメリカ入りしたスパイは、１９４２年の中頃までに諜報網を構築して、さまざまな情報を日本に流していた。兵器の開発・生産状況の推移や国民生活の様子、各軍港での艦隊動向の調査はもちろんのこと、ミッドウェー防衛に参加予定の空母が出港したこと、日本軍が占領しているガダルカナル島への大規模攻撃が予定されていること、アメリカに講和を申し出る意思は微塵もないことなど、重要作戦の情報も入手していた。

注目すべきは、原爆開発計画であるマンハッタン計画の詳細もつかんでいたことだ。計画が本格化したのは１９４２年だが、東機関はその翌年の１９４３年に、この計画を察知していた。

だが、**日本軍が東機関の情報を役立てることはなかった**。日本に諜報機関が集めた情報を分析・共有する組織がなかったからだ。その後、東機関は、アメリカによるスパイ暗殺や拠点襲撃によって１９４４年に壊滅した。

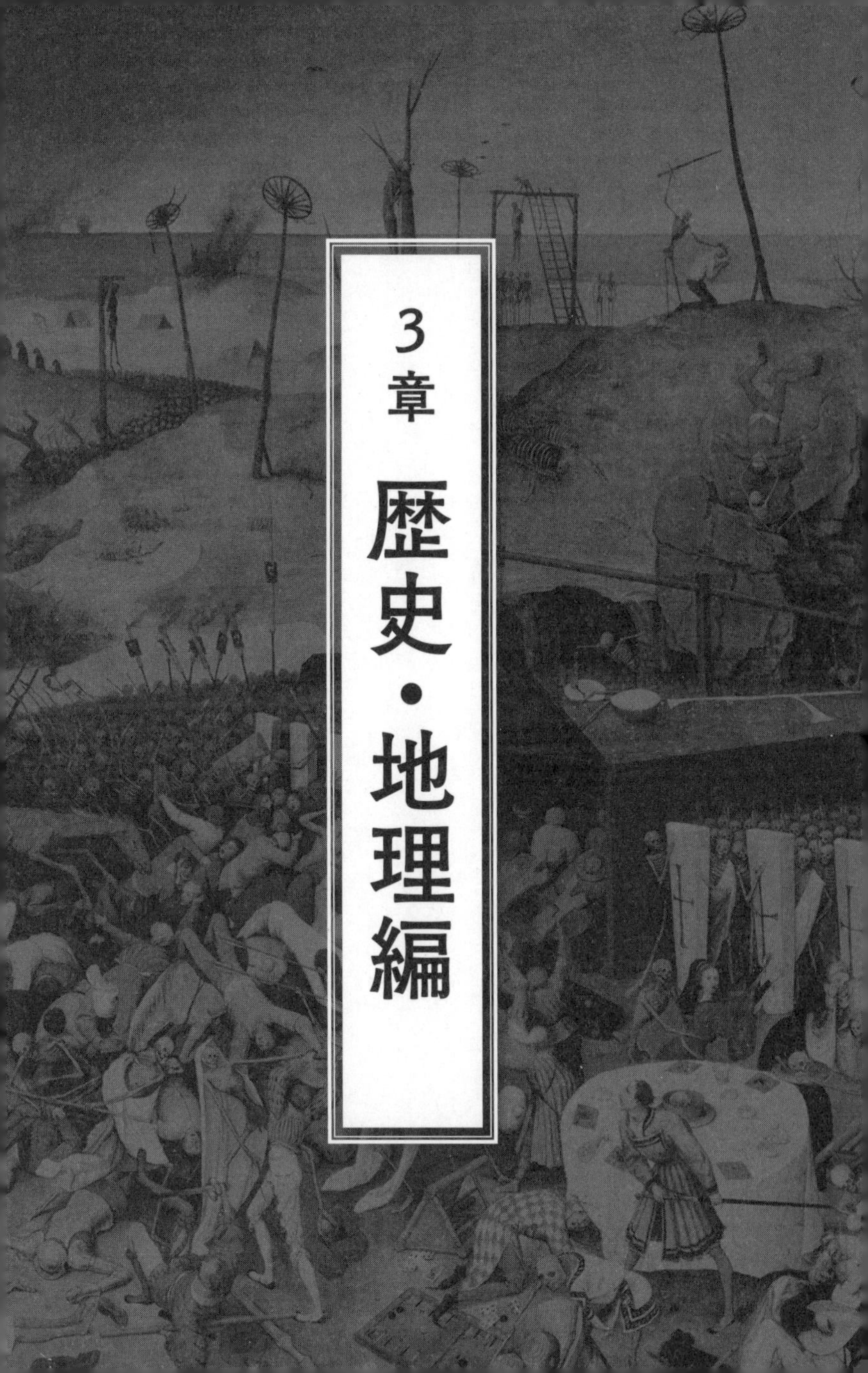

3章 歴史・地理編

083 縄文人は狩猟と採集で生計を立てた移動民？

↓稲作をして定住するケースも

毛皮をまとって竪穴式の住居に住み、獲物や木の実を求めて移動を繰り返す野蛮人。縄文人に対して、そんなイメージを持つ人もいるだろう。

確かに縄文人が狩猟採集をしたのは事実だが、石槍片手に獲物を追いかける移動民だったというのは、誤りである。**縄文時代の遺跡から農耕跡が次々に見つかっており、定住生活を送っていたことがわかっている**のだ。

例えば、佐賀県の菜畑《なばたけ》遺跡や福岡県の野多目《のため》遺跡からは水田の跡が発見されており、米用とみられる土器や農具が出土している。こうした出土例から、少なくとも縄文時代晩期に当たる3000年前までには、稲作が伝わったというのが通説だ。

また、**稲作よりも早い5000年前の段階で、縄文人が食物栽培を行なっていた可能性もある。**長崎県の大野原《おおのはら》遺跡から出土した土器に、栽培されたとみられる大豆の調理跡がついていたのだ。

縄文人といえば獲物を求めて移住を繰り返したというイメージが一般的だったが、時期や地域によっては、農耕を行ない定住していた共同体があったのである。科学調査が進んで年代がより絞り込まれれば、歴史常識が大きく変化することになるだろう。

084

蘇我入鹿《そがのいるか》・蝦夷《えみし》親子は悪人だった？

↓権力闘争に敗れて悪人扱いへ

7世紀半ば、天皇を超える権力者・蘇我入鹿《そがのいるか》が、中大兄皇子《なかのおおえのおうじ》らに暗殺さた。それが乙巳《いっし》の変だ。入鹿・蝦夷《えみし》親子の横暴に危機感を抱いた中大兄皇子が、中臣鎌足《なかとみのかまたり》の協力で誅殺したとされてきたが、現在この解釈には疑義が呈されている。

蘇我本家の横暴を記した『日本書紀』は、鎌足の子孫である藤原《ふじわらの》不比等《ふひと》が編纂《へんさん》を主導した。先祖が暗殺した相手を好意的に書いては、藤原氏の正当性に傷がつきかねない。そこで蘇我氏を悪人に仕立てたというわけだ。

藤原氏の伝記『藤氏家伝《とうしかでん》』（760年）でも入鹿は悪し様に書かれているが、一方で礼儀正しく真面目な人物とも評している。周囲が入鹿を高く評価していたからこその記述だろう。

ではなぜ、蘇我親子は暗殺されたのか？　一つには、政治のあり方をめぐる対立のせいだろう。**中大兄皇子らは中央集権を目指していたが、実現するには権力を握る蘇我氏が邪魔だった。**そのため入鹿らを暗殺して、改革案を実現しようと企んだ、というわけだ。また、中大兄皇子が次期天皇になるために他の皇族を推す蘇我本家を滅ぼしたという説もある。『日本書紀』に記された勧善懲悪劇でなかったことは確かだろう。

暗殺される蘇我入鹿（「国史画帖大和桜」国会図書館所蔵）

085 南北朝の対立は足利義満の時代に解消された？

↓南朝の残党が蜂起して危機に

室町時代初期は南北朝時代とも呼ばれている。足利尊氏に反発した後醍醐《ごだいご》天皇が奈良吉野で朝廷を開き、北朝の尊氏、南朝の後醍醐天皇による争乱が60年近くにもわたって続いたからだ。

南北の対立は、室町幕府三代将軍・足利義満の時代で終わったとされている。確かに義満の勧めを受けて三種の神器を北朝に引き渡したことで、南朝は１３９２年に事実上解体された。しかし、これで南北朝の動乱が終わったわけではない。**後《ご》南朝《なんちょう》という残党が幾度も決起したからだ。**

後南朝誕生は、元南朝の後亀山《ごかめやま》天皇が吉野へ戻った１４１０年だとされている。この年には伊勢国（三重県）の元南朝武士団が蜂起したことで、南北が断続的ながら軍事衝突するようになった。

反乱はすぐに鎮圧されたが、約20年後に後亀山天皇の孫・小倉宮《おぐらのみや》が伊勢で挙兵。その約10年後には楠木正成《くすのきまさしげ》の末裔が九州で兵を挙げ、数年経った１４４３年には、**天皇の内裏《だいり》が奇襲されて三種の神器の一部が奪われた。**禁闕《きんけつ》の変である。

もっともこれらの反乱は、旧南朝への忠義から起きたのではない。室町幕府に対抗する勢力にとって、南朝の権威は大義名分とするに最適であった。**反幕勢力の野心が後南朝を支えたのだ。**

応仁の乱でも西軍が旧南朝の末裔を総大将としているが、のちに越前（福井県）へ落ち延び、その後の足取りは不明だ。後南朝の存続期間は約70年。旧南朝よりも長く幕府を脅かしたのである。

086 戦国時代は応仁の乱を機に始まったのではない？

↓幕府における下剋上も候補

将軍の後継者問題により１４６７年から続いた応仁の乱。10年以上も続いたこの大乱で幕府の権威が著しく衰退し、日本は群雄割拠の戦国時代に突入した、というのが通説だ。しかし**応仁の乱後も幕府の体制は健在で、ただちに各有力武家が好き勝手な統治を始めたわけではない**。さらには、別の事件を引き金と考える研究者もいる。

その別の事件というのが１４９３年に起きた**明《めい》応《おう》の政変**だ。足利義材《あしかがよしき》が管領《かんれい》の細川政元《ほそかわまさもと》に廃されて、親戚の足利義澄《よしずみ》が擁立された事件である。室町将軍が家臣に追放される前代未聞の出来事で幕府の権威失墜は決定的となり、全国の諸将は将軍の統制を離れて勢力拡大に乗り出した。

ただし、政変はあくまでも大乱が全国規模になった事件である。中には、**応仁の乱以前に戦国の時代に入った地域もある**。それが関東である。

関東は鎌倉公方《くぼう》とその補佐の関東管領《かんとうかんれい》が支配していたが、両者は長年対立状態にあった。そんな中で１４５４年末（新暦では１４５５年）、鎌倉公方足利成氏《しげうじ》が関東管領・上杉憲忠《のりただ》を暗殺。さらに成氏軍は憲忠の屋敷を制圧した。これを知った上杉家家臣・長尾景仲《ながおかげなか》が成氏への反撃を開始、幕府も成氏追討軍の派遣を決定したことで、大乱が起きた。これが享徳《きょうとく》の乱だ。

戦いが終結したのは、１４８２年末。しかし停戦後も関東では豪族間の小競り合いが終わらず、関東は一足先に戦国へと突入したのである。

087 伊勢神宮は皇祖神を祀る地として敬われてきた？
→戦闘の舞台になったことも

天皇の祖・天照大神《あまてらすおおみかみ》を祀る神社として、信仰を集める三重県の**伊勢神宮**。**戦国時代にはこの神社すらも、血生臭い戦争の舞台となっていた**。

当時の伊勢神宮では外宮《げくう》の門前町である宇治六《うじろく》郷《ごう》と内宮《ないくう》の門前町である山田三方《やまださんぽう》が対立状態にあり、武士を雇って小競り合いを頻繁に起こしていた。といっても、両者は互角ではなく、宇治の３倍以上の人口があった山田側が有利であった。

抗争の最中にあった１４８５年、内宮に続く岡本の地に、山田が番屋を作って宇治へのルートを封鎖した。目的は宇治への物流と参拝客の移動を妨げることだ。当然宇治は厳しく非難したが、数に勝る山田は一切聞く耳を持たなかった。

だがこの状況は、伊勢国の戦国大名・北畠氏が宇治への協力を表明したことで一変する。**北畠軍の援護を受けた宇治の部隊が、翌年12月に山田へ攻め込んだ**のである。

当初の戦いは、大名の援軍が味方した宇治側の優位に進んでいた。だが劣勢になった山田の軍が外宮内に逃げ込んだことで戦火は伊勢神宮にまで広がってしまい、外宮正殿が焼失する事態となった。戦いは宇治の勝利に終わったものの、伊勢神宮を巻き込んだ責任を取るため、内宮神職の荒木《あらき》田《だ》氏経《うじつね》が自刃することになった。

そんな戦闘を経たあとも宇治と山田の衝突は続き、戦国時代末期になって、やっと争いは終結した。

088 斎藤道三は油売りから大名にまでのぼりつめた？

↓下剋上は親子二代で達成

美濃のマムシと称され恐れられた戦国大名・**斎《さい》藤道三《とうどうさん》**。油売りから大名にまで成りあがるという、下剋上を体現する人物として有名だ。

僧侶から油売りに転換した道三は、客の勧めで美濃土岐《とき》家の重臣・長井長弘《ながとも》に出仕。謀略と暗殺を駆使してライバルを次々と蹴落としていく。土岐家家臣の斎藤家の家督を奪い、さらには守護大名の土岐盛頼《もりより》を追放して大名になった。そんな風に語られてきたが、昨今の研究によって、この話はかなり脚色されていることが判明している。

近江国（滋賀県）の大名六角義賢《ろっかくよしかた》が書いた手紙によれば、長井長弘に仕えたのは、道三ではなく父新左衛門だった。京都から美濃へと下った新左衛門は、長井一族の一員となるまでに出世を遂げた。その働きを引き継いで斎藤家の家督を奪い、さらには大名の地位にまで上り詰めたのが、道三だった。下剋上は親子二代でなされたのである。

それが道三ひとりの功績とされたのは、**後世の軍記物で脚色されたから**だ。美濃のマムシという異名は江戸時代につくられたものだし、道三も新左衛門も、油売りではなかった。いずれも、下剋上をよりドラマチックに表現するための演出だと考えるのが、妥当だろう。

齋藤道三を演じた歌舞伎役者（国会図書館所蔵）

089 忍者は主君に忠誠を誓った影の存在?
↓ストライキを起こす忍者も

忍者は主に戦国期、諜報活動や破壊工作などの任務を遂行した集団だ。組織の掟を遵守し、頭領の命令には絶対服従する。そんなイメージがあるが、意外なことに江戸時代初期には、忍者によるストライキ事件が起こっていた。**江戸幕府に仕える伊賀組およそ200名が職場を放棄して寺に立て籠もり、上役の罷免を要求した**のである。

伊賀組は伊賀忍者で組織された鉄砲隊だ。彼らは、服部半蔵正就《はっとりはんぞうなさなり》の罷免を求めた。正就は、家康の信任が厚い正成の長男だ。正成死後に伊賀組を率いる立場となるが、傲慢な性格で部下から嫌われていた。自宅の修繕に配下をこき使い、必要な資材を強制的に提供させるなど、横暴な振る舞いが目立ったという。命令に逆らう部下には給米を与えなかったり、私刑を加えたりするなどの仕打ちをしたというから、恨みを買うのも無理はなかった。

江戸時代に描かれた忍者の絵（葛飾北斎『北斎漫画』）

幕府は伊賀組の要求どおり正就を罷免したが、収まらなかったのが正就だ。正就は血眼になって首謀者を探し出しひとりを殺害するも、これがまさかの人違い。度重なる失態により正就は所領を没収された。1614年に大坂冬の陣が勃発すると汚名を返上すべく参戦しているが、戦地で行方不明となってその後の足取りはわかっていない。

090 長篠の戦いの敗北が原因で武田家は滅んだ？

↓長篠の戦い後に領土最大化

戦国最強と名高い甲斐《かい》（山梨県）の武田家は、長篠の戦いの敗北が原因で滅亡した。このようなとらえ方は、すでに古い。この戦いで有能な重臣を多数討ち取られたのは事実だが、これが原因で滅亡したわけではない。武田家は領土を失っていないし、むしろその後も隠然たる力を秘めていた。**北条・上杉家との外交で優位に立ち、領土を過去最大にまで拡大していた**のである。

武田家は北条家と同盟を結んでいたが、関係が悪化すると上杉家と共同で北条を攻撃。武田家の領土は広がり、信玄時代を超える領地を手に入れた。織田家がすぐ武田家を滅ぼせなかったのも、いまだ侮れない力を持っていたからだ。

武田家滅亡の原因は、**情報戦での敗北**にある。遠江国（静岡県）の高天神城《たかてんじんじょう》が徳川軍の攻撃を受けたとき、武田勝頼は関東方面の戦いに兵力を割かれて援軍を送れず、落城してしまった。

すると信長は、「勝頼が城を見殺しにした」と武田の領内に噂を伝播した。武田領内では、軍事活動の活発化に伴い、領民は課税や軍事動員、肉体労働を強いられて疲弊しきっていた。そんな中で悪評を広められた勝頼は、家中の信頼を一気に失い、織田軍が侵攻すると家臣や領民の離反が相次いだ。こうして武田家は滅亡したのである。

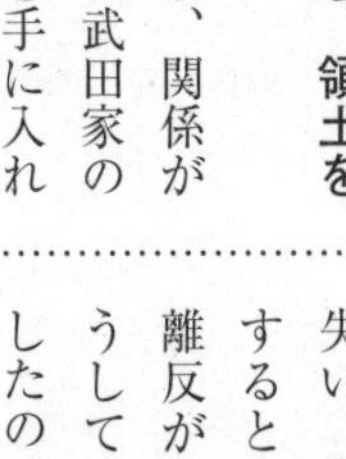

武田勝頼（持明院所蔵）

091 土砂に飲み込まれて消滅した城がある？

↓帰雲城《かえりくもじょう》と呼ばれ場所は不明

日本のポンペイと称される城がある。飛騨《ひだ》国白川郷（岐阜県大野郡白川村）にあった**帰雲城**《かえりくもじょう》だ。大規模な城ではないものの、山岳地を利用した、堅牢な山城である。城を治めた内ヶ嶋氏理《うちがしまうじまさ》（「うじとし」とも）は勇将として知られ、武田信玄・上杉謙信からも一目置かれたという。そんな帰雲城が、イタリアの古代都市ポンペイと同じように、**天災で一夜にして滅んでしまった**のである。

1585年11月29日（旧暦）、豊臣秀吉との講和をまとめた氏理が、宴会の準備を進めていたところ、飛騨一帯を大地震が襲った。「天正大地震」と呼ばれる地震は、マグニチュード8・2にもなったといわれる。城周辺の山々から大規模な地滑りが発生すると、大量の土砂が城下町ごと城を飲み込み、内ヶ嶋の一族は一夜で滅び去った。

ポンペイと違い、帰雲城は発掘調査がいまだに進んでいない。広範囲に及んだ土砂災害で地形が変わり、場所がわからないからだ。調査会の特定作業もまだ実を結んではいない。

帰雲城が注目される理由の一つに、**埋蔵金伝説**がある。内ヶ嶋氏が室町幕府に多額の献金を続け、織田信長の安土城建設にも多大な資金を投じたという伝説がある。ここから、城には莫大な富が眠っているといわれてきた。埋蔵金の額は現代の貨幣価値で5兆円になるというが、果たして伝説は本当なのか。帰雲城の跡が発掘されれば、謎は解明されるかもしれない。

092 関ヶ原の戦いはたった半日で終結した？

→より短い2時間程度で決着

徳川家康率いる東軍と、石田三成率いる西軍が激突した**関ヶ原の戦い**。計15万人が参加した大規模な戦いは当初、長期戦が予想された。だが、家康が西軍の小早川秀秋《こばやかわひであき》に寝返りを決断させたことで、東軍が勝利。天下分け目の決戦は、たったの半日で終結した。

大河ドラマでもよく取り上げられる顛末だが、実は**後世の軍記物に基づいた脚色**であり、信憑性は高くない。より信頼性の高い『当代記《とうだいき》』（戦いから約20年後に成立）によれば、**秀秋が裏切ったのは西軍が布陣する前**であり、戦いはたったの2時間程度で終わったというのだ。

戦いの翌々日に清洲城《きよすじょう》在番が出した連署状にも同様の記述がある他、イエズス会の報告書でもこの話題に触れられているので、事実である可能性は非常に高い。

では、戦いが脚色されたのはなぜか？ それは、徳川家の権威を高めるためだと考えられる。すぐに決着がついたとなれば、家康の影は薄くなる。功績を残した諸大名と比較されて、家康の権威が見劣りするかもしれない。そこで家康を称えるエピソードが肉づけされ、「天下分け目の決戦」が生まれたと考えられる。

小早川秀秋（高台寺所蔵）

093 江戸時代の天皇は幕府のいいなりだった？

→幕府に反発する天皇も

江戸時代の天皇は、政治的・経済的な実権を持たず、幕府に対して立場が非常に弱かった。権勢を取り戻したのは幕末からといわれているが、それ以前に江戸幕府と対決した天皇もいた。それが**後光明《ごこうみょう》天皇**だ。

後光明天皇は、後水尾《ごみずのお》天皇の4番目の皇子として生まれた。和歌や漢詩を好み、父から叱られた際に即興で歌を詠んで驚かせたという逸話も残っている。

そんな芸術的な一面とは裏腹に、最も好んだのは剣術だった。当時の天皇は武芸を幕府に禁じられていたが、後光明天皇は規制を無視して武士のように振舞った。勝手なことをやめなければ自分は切腹すると注意した幕府の使者に対しては、「切腹も辞さないというなら是非してもらおう」と挑発している。

そんな後光明天皇が目指していたのは、**朝廷の復権**である。朝儀《ちょうぎ》（朝廷内の各儀式）の研究と再興を通じて権威を高め、幕府から主権を奪還しようとしたのだろう。

しかし、後光明天皇の改革はほとんど行われなかった。宮中公務に関わりはじめた頃から体調を崩すようになり、数年で崩御したからである。22歳という早すぎる死からのちに憶測を呼び、江戸幕府による暗殺だと唱える者もいたが、現在では疱瘡《ほうそう》（天然痘《てんねんとう》）が死因だとみる説が支持を集めている。

094 孝明天皇は幕府との融和を説いたから暗殺された？

↓体調の悪化と見るのが自然

孝明《こうめい》天皇は極度の外国嫌いで知られ、幕府や有力諸藩に西洋人を打ち払うことを求めて、幕末の政局に大きな影響を与えていた。

そんな天皇が、突如崩御した。天然痘による病死だといわれているが、不可解な点は多い。当初、天皇の症状はあまり重くなく、発症10日後には回復に向かったと医師が記録している。ところが、間もなく病状が悪化して天皇は急死。側室の日記によると、体中から出血する惨状だったそうだ。

孝明天皇は幕府と朝廷の関係強化を目指す「公《こう》武合体《ぶがったい》」の推進者でもあった。徳川慶喜《よしのぶ》の将軍就任を後押ししたのも孝明天皇だ。幕府打倒を目指す討幕派にとって、公武の融和を目指す天皇は疎ましかった。そこで重病にかかった隙に症状の悪化に見せかけて毒殺したという説があるのだ。

では暗殺犯は誰か？　第一候補は、公家の**岩倉《いわくら》具視《ともみ》**である。岩倉は討幕派の急先鋒で、かつ天皇から辞官を強要された過去があるからだ。

だが、**岩倉が天皇を恨んでいた証拠はなく、むしろ天皇の死を悔やむ手紙を友人に送っている。**

また、**医師は天皇が回復に向かったと記録した一方で、側室へ天皇は予断を許さない状態であると伝えていた。**天皇の死が幕府に痛手となったのは事実だが、討幕派が暗殺したとするには、決定打に欠ける。

孝明天皇

095 旧式装備のせいで幕府は鳥羽伏見の戦いに敗れた？

↓幕府の敗因は指揮官の質

幕末に、薩摩・長州・土佐・肥後の各藩は西洋から兵器を購入して、近代的な軍隊編成を進めていた。その努力が実ったとされるのが、１８６８年に起きた**鳥羽伏見《とばふしみ》の戦い**だ。数に劣る新政府軍が幕府軍に大勝したのは、幕府軍よりも装備の質が高かったから。そんな風に思われてきた。

確かに幕府側に旧装備の藩が多かったのは事実だ。しかし幕府直属の軍隊に限っていえば、装備は薩長土肥に負けてはいなかった。戦いに参戦した幕府軍約1万５０００人のうち、５０００人ほどはフランス製兵器を装備した幕府陸軍だった。新政府軍は約６０００人だったから、**数でも質でも幕府は負けていなかった**ことになる。

にもかかわらず、戦いに幕府軍が大敗したのはなぜか？　問題は、指揮官の質にあった。近代戦闘を学んだ指揮官が多かった新政府軍に対し、**幕府軍の将官は旧来の戦術に固執し、そのうえ戦意も低かった**。

戦闘が始まると、幕府軍は新政府軍の近代戦術に苦戦を強いられ、たちまちのうちに混乱した。鳥羽方面の指揮官・滝川具挙《ともたか》は馬に乗って逃げ出し、伏見方面指揮官の竹中重固《しげかた》も部隊を捨てて逃亡した。そして幕府の劣勢が決定的になると、新政府軍は天皇の軍を現わす「錦の御旗」を掲げて、勝利を確実にしたのである。

096 太平洋戦争で計画された幻の本土決戦作戦とは？

↓民間人を巻き込んだ決号作戦

１９４５年8月15日、日本はポツダム宣言を受諾して敗戦を迎えた。これで軍隊行動が終わりになるかと思いきや、裏では日本本土を戦場とする作戦が進められていた。計画名は**決号《けつごう》作戦**。陸海軍と全国民を投入した本土決戦計画である。

作戦の目的は、本土上陸した連合軍に痛手を負わせて有利な講和条件を勝ち取ることだ。日本、台湾、朝鮮半島を七つのエリアに分け、決1号から決7号までの防衛作戦が立てられた。本土の防衛戦力は第一・第二総軍に再編され、陸海軍の航空戦力は航空総軍へと統合された。

最大の特徴は、民間人まで戦力として数えたことだ。同年6月に義勇兵役法が公布され、15歳以上60歳以下の男性と17歳以上40歳以下の女性は国民義勇戦闘隊として招集された。戦闘隊といっても、**民間人の役割は捨て石になること**である。敵軍が上陸すると、民間人は軍人とともに突撃することになっていたのだ。武器の大半が特攻用の爆弾で、それ以外は旧式銃や身近な道具など、まともな装備を与えられなかった。

本土決戦が実現していても、ろくな戦力がない日本軍は、大軍にすり潰されただろう。連合国軍は日本上陸用に兵力約90万人、艦艇約３０００隻、航空機約２０００機、さらには3発目以降の原爆や化学兵器も準備していた。本土決戦が実現していれば大量破壊兵器が乱用され、日本は人の住めない環境になっていた可能性もあるのだ。

097 昭和天皇は軍部に操られていた?
↓戦線拡大を求めたことも

昭和天皇は、軍部の圧力に逆らえず、やむなく戦争を遂行したと思われてきた。確かに、昭和天皇が政治介入を続ける軍部の強硬派に警戒感を抱いていたことは、事実である。皇太子時代、第一次世界大戦終結直後のヨーロッパを外遊して戦争の悲惨さを目の当たりにしていたため、平和を重んじる一面は確かにあった。

だが、**天皇は軍部の操り人形だったわけではない**。太平洋戦争中には軍部の方針に幾度も口出しをしており、戦線を拡大するよう求めることもあったのだ。

例えば、1942年6月のミッドウェー海戦後には作戦行動が消極的にならないよう海軍に求め、沖縄戦では不利な戦況を覆すべく、陸軍に攻勢を促している。1945年5月に終戦交渉が上奏されたときも、戦果が足りないと難色を示したことが、天皇の回顧録から明らかになっている。

天皇が戦争継続を望んだのはなぜか? それは天皇制を維持しようとしたからだ。若き日のヨーロッパ外遊中、天皇は敗戦国の王族が力を失う様を目撃した。日本が欧米諸国との戦争に負ければ、皇室が消滅しかねない。だからこそ、天皇はアメリカに打撃を与えて譲歩を引き出してから降伏すべきだと考えていた。

しかし、挽回の機会は訪れず、政府は降伏の道を選択。8月14日に無条件降伏を受け入れた。

098

東京タワーの材料として米軍の戦車が使われた？

↓朝鮮戦争の戦車が鉄材に

１９５８年に電波塔として開業した東京タワー。大都会を一望できる展望台や幻想的なライトアップが人気だ。この塔の一部に、意外な材料が用いられているのをご存じだろうか？

東京タワー建設の目的は、乱立していた東京のテレビ塔を集約して「総合電波塔」を誕生させることにあった。そこで計算したところ、**関東一円に電波を発信するためには高さが３３３メートル必要で、およそ４０００トンという莫大な鋼材が求められることとなった。**だが、この頃の日本にはそれだけの鉄の生産能力がなく、関係者は資材の調達に頭を悩ませることになる。

そんなときに注目されたのが、朝鮮戦争で米軍が使用した戦車であった。米軍としても、旧式戦車を売却すれば、新型戦車の製造費に回すことができる。両者の思惑が合致すると、日本の民間業者は米軍の戦車約90台を購入。**戦車は鉄骨として生まれ変わり、タワーに使用された全鉄骨の３分の1を占めたという。**

ところで「東京タワー」という名称は公募で選ばれたが、1位は「昭和塔」で2位が「日本塔」、3位は「平和塔」で東京タワーは13位だった。それでもこの名称が選ばれたのは、審査委員長を務めたマルチタレントの徳川夢声が強く推したためだという。

1961年ごろの東京タワー

099 世界4位の湖が干上がった原因は？

→ソ連の灌漑工事が影響

中央アジアには、**アラル海**という塩湖が存在する。かつては約6万8000平方キロメートル、日本の東北地方と同程度の面積を持ち、大きさは世界第4位であった。だが、アラル海はソ連時代の無謀な開発計画によって徐々に縮小し、半世紀後には表面積の約9割が干上がってしまった。

ソ連は綿花と穀物の生産量を拡大させるため、アラル海に流れる二つの川に、大規模な灌漑《かんがい》工事を実施した。結果、1960年から約50年の間に灌漑農地は1・8倍に増加したものの、アラル海に流入する水量は5分の1以下にまで減少。これによってあらゆる問題が生じた。

まず、湖水の塩分濃度が上昇したことで、漁業が深刻なダメージを受けた。最盛期には年間およそ5万トンあった漁獲量が、70～80年代には1000トンにまで激減している。

また、干上がった湖底から吹き上がった塩混じりの砂が、大きな被害をもたらした。砂は農地を荒らし、吸いこんだ人々が喘息《ぜんそく》や肺炎などの健康被害に見舞われたのだ。一連の被害は**20世紀最大の環境破壊**と呼ばれるようになった。

アラル海は、縮小する過程で南北に分離した。南の大きな水域の復活は絶望的だが、北の小アラル海には2005年にダムが建設され、一定の水位が回復。塩分濃度も低下して漁業に復興の兆しが見られるが、漁獲量は2018年の段階で最盛期の7分の1程度と、まだまだ状況は厳しい。

100 エベレストで死ぬと死体はどうなる？

↓大半は置き去りにされる

中国とネパールの国境沿いのヒマラヤ山脈にそびえる**エベレスト**（チベット語でチョモランマ）。標高は約8848メートルで、周知のとおり世界最高峰の山々である。シーズンには山道が渋滞するほどの登山者が集まるが、過酷な環境に身体が追いつかず、命を落とす人も中にはいる。そんなとき、死んだ場所によっては、死体が回収されないこともあるのだ。

エベレストの山頂付近は酸素濃度が極度に低く、死体回収のハードルが非常に高い。ヘリで救出しようにも、上層は空気が薄いために長時間の飛行が難しく、車両も当然通行できない。人力での回収・捜索はなおさら困難で、**二次遭難の危険が極めて高い**。そのため、死体は放置するしかないのだ。

エベレストでの死者数は年に数人程度だったが、2010年代に入ると増加し、2019年の死者・行方不明者数は10人を超えている。登山者増加により山頂付近が大混雑し、待っている間に酸素ボンベを消耗して危険な状態に陥る者もいたし、未経験者が悪天候にみまわれて遭難することもあった。**放置された死体の数は約200体**。現在でも回収の目途は立っていない。

エベレスト

101 ギロチンは残忍な器具として恐れられた？
↓楽に死ねるために採用

鋭利な刃物によって瞬時に首を斬り落とす断頭台ギロチン。18世紀後半に誕生した処刑器具で、ルイ16世や王妃マリー・アントワネットの死刑執行にも用いられた。革命期には1万6000人以上の人々が命を奪われ、残虐な処刑器具だと思われがちだ。だが実は、ギロチンは人道的な見地から採用された処刑器具だった。

ギロチン導入以前、斬首刑には斧や刀が用いられた。死刑執行人の腕前が未熟だと、一撃で首が切断されず、囚人は耐え難い苦痛を味わう羽目になった。また、斬首は貴族のみで、庶民は絞首刑、火あぶりなどより残酷な刑に処せられていた。

この状況の改善を目指したのが、フランスの医師で政治家のジョゼフ・イニャス・ギヨタンだ。**ギヨタンは身分を問わず、より苦痛の少ない処刑方法を採用すべきだと主張**した。これによって、あの機械仕掛けの断頭台が採用されたのだ。

ギロチンによる最初の処刑が行われたのは1792年のこと。罪人は身分の低い強盗殺人犯であったとされる。約2世紀にわたってギロチンは使われたが、1981年に死刑制度が廃止されるとその役目を終える。最後にギロチンで処刑されたのは、若い女性を殺害した罪に問われたチュニジア人で、1977年のことであった。

ギロチン採用を唱えたギヨタン

102 富士山が日本一の山ではなかった時期がある？

↓台湾が日本領だった時代

富士山の標高は3776メートルで、ご存じのとおり日本最高峰である。この富士山が、実は国内最高峰の山ではなかった時期がある。山の高さがそうそう変わるはずがないと不思議に思う方もいるだろう。話は100年以上前にさかのぼる。

1894年に勃発した日清戦争に勝利したことで、日本は清から台湾を割譲された。その中央部に位置するのが、**玉山**《ぎょくざん》という台湾最高峰の山だ。標高は3952メートル。そう、**富士山よりも170メートル以上高い**。つまり、〝国内〟に富士山を超える新たな高山が生まれたのだ。

玉山は明治天皇によって、**新高山**《にいたかやま》と命名された。「日本一高い山は新高山」と小学校では教えられ、1937年には日本の国立公園に指定されている。

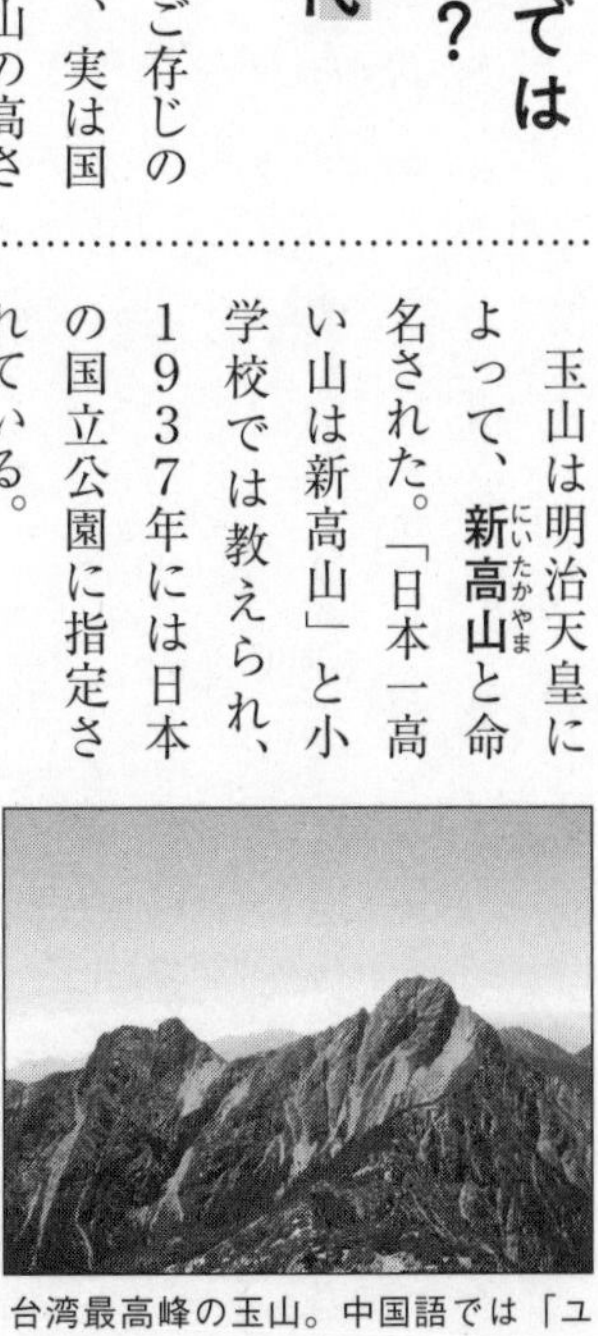

台湾最高峰の玉山。中国語では「ユイシャン」（© Kailing3）

この状況は、日本の敗戦まで続いた。第二次世界大戦で敗戦したことにより、日本は台湾の領有権を失い、新高山はもとの玉山の名に戻されている。同時に、国内最高峰は再び富士山となり、現在に至るというわけだ。日台両国の最高峰である富士山と玉山、二つの山は現在、友好山として提携を結んでいる。

103 特攻兵器は日本以外でも造られていた？

↓ドイツやイタリアも実用化

敵軍に兵器を体当たりさせる「特攻」。日本軍の神風特別攻撃隊による特攻は有名だが、日本の同盟国であるイタリアでも、海軍が**マイアーレ**という特攻兵器を実践投入していた。

マイアーレは、**2人乗りの人間魚雷**である。全長約6・7メートルで、潜水艦によって運搬され、湾内に侵入すると母艦から切り離されて、備えつけの爆薬で敵艦を破壊する。実戦投入されたのは1940年8月。日本軍の人間魚雷回天《かいてん》の初出撃は1944年10月頃なので、イタリア軍は4年も早く特攻をしていたことになる。

ただし、マイアーレは回天と違い、パイロットの生還を前提としていた。攻撃方法は体当たりではなく、潜水服の搭乗員が敵艦に爆薬を仕掛けることになっていた。人間魚雷ではなく、**特殊工作員用の小型潜航艇**と呼ぶ方が適切かもしれない。

マイアーレは、当初こそ大した戦果は上げられなかったが、1941年12月のアレキサンドリア港攻撃ではマイアーレ3隻がイギリス戦艦2隻を大破させた。これを皮切りに地中海の湾内攻撃に活用され、1943年のイタリア降伏まで、約18万トンの連合国船舶が沈められたという。

なお、日伊と同じく、**ドイツもネガーという人間魚雷を1944年春に実用化している**。敵艦に肉薄して魚雷を発射する生還前提の兵器だったが、損害率の高さから同年の秋に使用が中断されている。

104 海か湖かで周辺国がモメた場所がある？

↓カスピ海の資源をめぐり対立

カスピ海は、中央アジアの西部に位置する世界最大の〝湖〟で、面積は日本の国土とほぼ同等の約37万４０００平方キロメートル。周囲には、ロシア、カザフスタン、トルクメニスタン、アゼルバイジャン、イランが位置している。この沿岸諸国の間では90年代後半から、「カスピ海は湖か海か」という論争が繰り広げられてきた。なぜそんなことが議論の的となったのか？

カスピ海には、莫大な量の原油や天然ガスの埋蔵が確認されていた。その取り分は、湖か海かで大きく変化する。カスピ海が湖であれば、国際的慣習に基づいて、水域内の資源は均等に配分される。一方、海となると国連海洋法条約が適用され、各国の沿岸部の長さに応じて領海が設定される。そのため各国は自国に有利となるよう、激しい論戦を繰り広げたのである。

5カ国の中で沿岸線が最も短いイランは、カスピ海が湖であると強硬に主張したが、トルクメニスタンなどはカスピ海が海であった方が資源の取り分が増えるために反対したのだ。

その後の２０１８年8月、カザフスタンで開催された5カ国の首脳会議によって、論争は一応の決着をみた。**カスピ海は法的には「海」と位置づけられた**のである。譲歩した形となったイランだが、その背景には核問題などを巡ってアメリカと対立が続く中、協定に合意することで国際的な孤立を回避したいという判断があったとされる。

105 アザラシの腹に海鳥をつめる発酵料理がある？

↓強烈な臭いを放つキビヤック

数ある発酵食品の中でも、**キビヤック**は飛び切り強烈な匂いを放つ。アメリカのアラスカ州やカナダなどで暮らすイヌイットの伝統食で、**材料は海鳥とアザラシだけ**。アザラシの肉と内臓を取り除くと、その中に現地でアパリアスと呼ばれる海鳥を、羽をむしらずにそのまま詰め込むのだ。

　鳥の数は、数十羽から数百羽にものぼる。パンパンになったアザラシの腹を縫い合わせ、そのまま地中に埋める。これを数カ月から2、3年放置して熟成させれば完成だ。

　食べ方も独特で、アパリアスの尾羽を取り除いたら、肛門に直接口をつけてドロドロに発酵した内臓を吸い出す。専門家いわく、「クサヤにチーズを加え、マグロの塩辛を混ぜ合わせたような」濃厚な味だという。

　発酵したアパリアスは強烈な臭気をまとっており、冒険家の植村直己は、その匂いを「ウンチのもっと強烈な」とストレートに表現。それでも植村はこの料理の虜になったという。

　キビヤックは発酵の過程でビタミンが豊富に生成される。寒冷地に暮らし、野菜の栽培が困難なイヌイットにとって、貴重なビタミン源だ。厳しい環境で暮らす人々の知恵が生んだ料理なのである。

材料の海鳥であるヒメウミスズメ（© Michael Haferkamp）

106 緑豊かな土地だったから グリーンランド？

↓人を集めるための誇大広告か

グリーンランドは、北大西洋と北極海の間に位置する世界最大の島だ。面積は日本のおよそ6倍。デンマーク領で独立した国家ではないものの、自治政府や独自の議会が存在する。

直訳すると「緑の大地」だが、陸地の8割以上を氷が覆い、気温は10度以下が普通だ。冬の平均気温はマイナス10～20度という極寒の地であり、名前と大きな隔たりがあるが、それはなぜか？

グリーンランドという名がつけられたのは、10世紀末のこと。命名した男の名はエイリーク・ソルバルズソン。**赤毛のエイリークと呼ばれたヴァイキングだ。**

殺人の罰としてアイスランドから追放されたエイリークは、仲間とともに新天地を目指してグリーンランドにたどり着いた。ここで農業経営に着手しようと考えると、**多くの入植者がやってくるような名前を島につけることにした。**それが、自然豊かな土地をイメージさせる「グリーンランド」だった。いわば誇大広告である。

ただし、当時の島は現在より温暖な気候で、農業に適した土地であったという説もある。いずれにせよ、入植した者がいたのは事実である。およそ500人が移住を希望したといわれている。それが現在では、5万6000人ほどが暮らす島となった。

赤毛のエイリーク

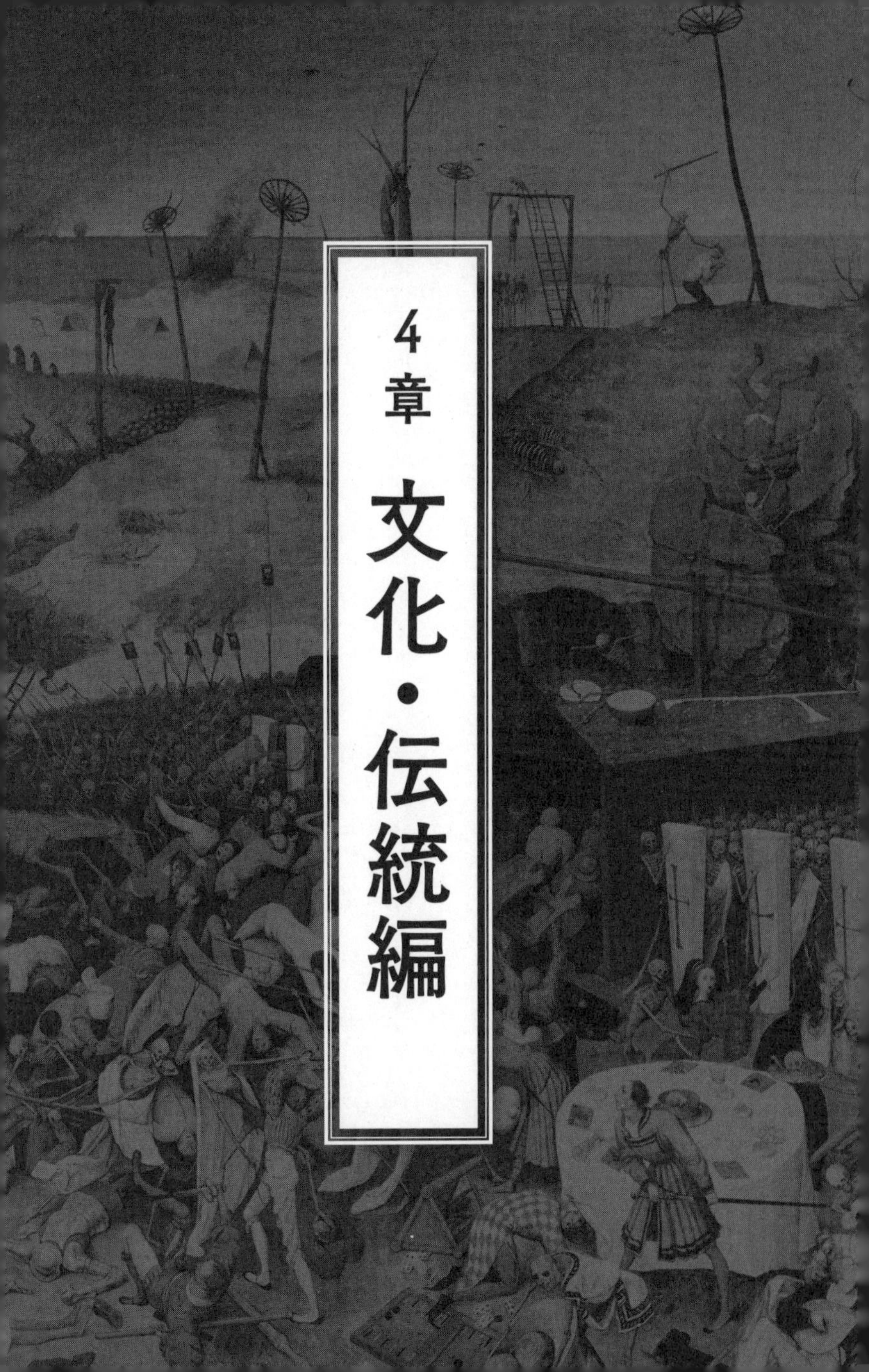

4章 文化・伝統編

107 なぜシェイクスピアがいなかったといわれる？

↓経歴不詳で謎が多いため

『リア王』や『ロミオとジュリエット』など、優れた戯曲を世に送り出したウィリアム・シェイクスピア。16世紀末から17世紀初頭のイギリスで活躍し、その後の文学に大きな影響を与えたが、意外にも人物像はよくわかっていない。**実像を伝える資料、例えば日記や書簡、自筆の原稿などがほとんど見つかっていない**ためだ。「シェイクスピアは存在しなかった」といわれる一因である。

語彙の多さや表現の豊かさから、高度で専門的な教育を受けた人物でないと、これらの戯曲をつくるのは難しい。ところがシェイクスピア自身は、中等教育を受けた程度。しかも、20歳になる前に3人の子どもをもうけたのち、妻子をおいて姿を消している。その8年後にロンドンに現れて名声を得るようになったことから、別人がシェイクスピアになりすましたのではというわけだ。

では、一連の戯曲は誰の手によるのか。候補者のうち有名なのは、哲学者フランシス・ベーコンだ。当代随一のインテリであり、自身を「隠れた詩人」と意味ありげに表現したことなどから、彼なら優れた戯曲も書けたはず、と考えられた。

もっとも、ベーコン本人は演劇を極端に嫌っており、文体はかなり異なるため、決定打には欠ける。劇団関係者らが共同でシェイクスピアというペンネームを使用したという説もあるが、これも根拠は弱い。こうした謎多き半生も、シェイクスピアの魅力の一つなのかもしれない。

108 思想家ルソーは先進的で人間的に優れていた？

↓性犯罪未遂で逮捕された

フランス革命に多大な影響を与えた思想家のジャン・ジャック・ルソー。現在でも思想の巨人と尊敬されるが、そんな先進的な人物が、**若き日に盗みや虚言を繰り返し、幾度も放浪を余儀なくされたといったら**、信じられるだろうか？

10代のルソーの倒錯した性癖は、しばしば問題を引き起こした。女子の前でわざと尻を見せる、少女の集団に下半身丸出しで突っ込むといった奇行を幾度も行ない、連れの男に追い回されたこともあった。「私は外国の名門貴族の子弟である」と言いくるめて逃げたが、強姦未遂を起こしたときは、さすがに逮捕されたようだ。

ルソーが性犯罪者じみた事件を繰り返したのは、**寄宿先の女性から体罰を受けて、マゾヒズムに目覚めたからだといわれている**。ルソーは著書『告白』において、「膝下にひざまずいて命令に従い、赦《ゆる》しをこう。それが私はたいへんに楽しかった」「春の目覚めで生じた異常な性癖で強められた」と記している。また、奉公先の彫金師からも、日常的に虐待を受けていたようだ。

成人後は落ち着いたものの、愛人との間にできた5人の子どもを経済難のために育児放棄し、全員を施設に送っている。思想の巨人と評される偉人でも、私生活はめちゃくちゃだったようだ。

思想家ルソー

109 ガンジーは禁欲を宣言してその生活を守り続けた？

↓就寝時には若い女性が隣に

マハトマ・ガンジーといえば、インドの独立運動を主導した「独立の父」である。非暴力不服従を貫いた姿勢から「マハトマ（聖人）」と称えられているが、そんな偉人が**並外れた性豪だった**と知ったら、がっかりするかもしれない。

ガンジーの出身地では、児童婚という風習があった。彼も13歳に同い年の娘と結婚させられた。思春期で異性への興味は強い。年頃の少年は妻を迎えると、毎日のように性行為にふけった。学校でも妻のことばかりを考え、自宅で勉強中にも欲情を抑えられなかった。

この強すぎる性欲が、不幸をもたらしたことがある。16歳の頃に、重病を患った父親を家族で看病していたときのことだ。ガンジーは父の看病を放りだして、妻との性交にはげんでいた。数時間もの行為を終えて父の様子を確認したガンジー。すると、父はすでに息絶えていた。

マハトマ・ガンジー

この出来事に後悔したガンジーは、イギリス留学中は女性への欲求を完全に断ち、30代には禁欲厳守を宣言。この誓いを死ぬまで守ったという。

だがその一方で、**ガンジーは晩年も就寝時には若い女性を添い寝させていた**。本人は女性との性関係を否定していたが、密室での出来事なので真相は藪の中である。

110 モーツァルトは「うんこ」好きだった?

↓手紙ではうんこを連発

中世ヨーロッパを代表する作曲家モーツァルト。数々の音楽は今も人々の心をつかんで止まないが、そんな音楽家が最も心奪われたのは、まさかの「うんこ」だった。

想い人へのラブレターでは「お通じはいいのかな?」「僕たちのお尻で和平条約調印しよう」「パリに発つ前にうんこを垂れておくよ」と書きつらね、姪への手紙の中でもうんこに関するジョークを飛ばしていた。その嗜好は仕事にも反映され、**「僕の尻を舐めろ」「僕のお尻を舐めてきれいにしようね」**といった曲までつくっている。モーツァルトが糞尿を愛するスカトロジストであるといわれるのは、こうした手紙に基づく。

ただ、モーツァルトの場合、親の影響でジョークとして好きだっただけだという説もある。父親は真面目だったようだが、**母親はうんこジョークを好み、モーツァルトの姉もうんこ話が好きだったらしい**。当時の貴族社会では、親しい間柄ならこのような下品な手紙をやりとりすることもあったというから、モーツァルトだけの資質というわけではなさそうだ。

モーツァルトは下ネタで人を笑わせる開放的な性格だったのか、常人を驚かせる趣味趣向の持ち主だったのか。どちらであってもおかしくはない気はするが。

作曲家モーツァルト

111 近代科学の父ニュートンは理性を最も重視した？
↓呪術的なオカルトに熱狂

17世紀に万有引力の法則や微分積分法を発見し、科学発展の礎を築いたニュートン。「近代科学の父」という呼び名から、合理的な人物だったとイメージしがちだが、**呪術的な価値観に基づく錬金術に傾倒する「魔術師」**でもあった。

17世紀は、錬金術と科学は不可分の関係にあった。彼の錬金術の研究は、ケンブリッジ大学の数学教授に就任した20代後半から50歳近くまで続けられたという。自宅に実験室まで設けていたというから、ライフワークといっていいだろう。

金属を溶かすためには強い火力が必要となるため、常に炭を燃焼させておかなければならず、室内は灼熱地獄のようだったという。実験には時に運動失調などを引き起こす、水銀も使われていた可能性がある。ニュートンは水銀中毒に陥っていたという説もあるが、さまざまな金属を溶かして実験に熱中していたようなので、考えられない話ではない。

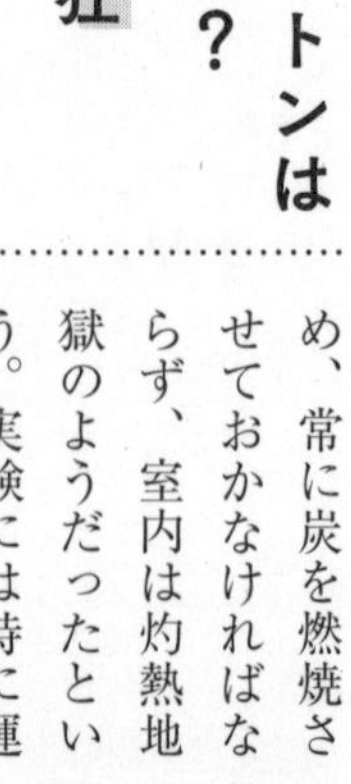
アイザック・ニュートン

こうした錬金術への傾倒は、20世紀に入ってニュートンの手稿が競売に出されたことで明らかになった。手稿を購入したのは、経済学者のジョン・メイナード・ケインズだ。ケインズは「ニュートンは理性の時代の最初の人ではなく、最後の魔術師であった」と述べている。

112 サディズムはサド侯爵の性格に由来する？

↓サド侯爵は実はマゾヒスト？

他人に精神的・身体的苦痛を与えることで快感を得る性的嗜好を「サディズム」という。言葉の語源は18世紀フランスの小説家、**マルキ・ド・サド**だ。本名はドナスィヤン・アルフォンス・フランソワ・ド・サド。通称にあるマルキはフランス語で「侯爵」を意味し、由緒ある貴族の家に生まれたことを示している。

彼の『悪徳の栄え』『ソドム百二十日』などには拷問や虐殺、さらには獣姦や強姦などの性暴力があからさまに描かれている。私生活でも加虐的な行為に及び、１７６８年には女性を監禁・拷問したアルクイユ事件、その4年後には娼婦を鞭で打ってアナルセックスに及んだ挙句に毒薬を盛ったとされるマルセイユ事件など、淫らなスキャンダルを連発している。

こうした事例から、彼自身がサディズムの体現者であったようなイメージを持つ人も多いだろうが、実際にはサド侯爵は、「マゾ」ではなかったかともいわれている。

娼婦に自分の尻を鞭で打たせるプレイを好んでいたとされ、時には従者を「ご主人様」と呼び、従者には自分を「ラ・フルール（花）」と呼ばせることがあったという。

サディストであれマゾヒストであれ、当時の倫理観からは相当逸脱した性的嗜好の持ち主だった。そのためにサドは何度も投獄され、74年の生涯の3分の1以上を獄中で過ごしている。

113 明治の文豪・泉鏡花は感受性豊かで繊細だった？

→異常な潔癖症でもあった

日本の幻想文学の先駆者として知られる作家・泉《いずみ》鏡《きょう》花《か》。代表作には『高《こう》野《や》聖《ひじり》』『天守《てんしゅ》物語《ものがたり》』などがある。活躍した期間は明治時代半ばから昭和初期。独特の文体で妖しく美しい世界観をつくりだすことから、「言葉の魔術師」と称された。

この天才的な文豪は、**異常なほどの潔癖症**でもあった。感染症である赤痢に罹患《りかん》して苦しんだことが、背景にあるといわれる。ばい菌を恐れるあまり生ものを一切口にせず、刺身が出されると「煮てくれ」と頼み、大根おろしや果物も茹でてから食したというから尋常ではない。

作家仲間で鍋を囲んだときには、谷崎潤一郎が煮えないうちから肉を食べて自分が肉にありつけなかったことから「君、これは僕が食べるんだからそのつもりで」と鍋に仕切りを置いたという。

酒を飲む際も、しっかり煮立てて〝煮沸《しゃふつ》消毒〟。友人たちはこれを泉燗と呼んだ。さらにはパンや羊羹などを食べる際も、必ず同じ場所を指でつまみ、指の触れていた部分は捨てていたという。

不潔に対する嫌悪感は、文字が対象になることもあった。鏡花は豆腐が好物であったが、「腐」の字が使われていることに気分を害し、作品の中では「豆府」と記述した。誤字だと思った編集者が「豆腐」と訂正すると腹を立て、しばらく担当者と口を聞かなかったという。目に見えないものに対する異常なまでの感受性も、幻想的な物語を生み出す原動力になったのかもしれない。

114 耽美的な作風で知られる永井荷風の原動力とは？

↓他人の性行為を覗き見

耽美《たんび》的な作風で一世を風靡《ふうび》した文豪・永井《ながい》荷《か》風《ふう》。明治時代末期から昭和初期に活躍し、一貫してプレイボーイとして名をはせた。

荷風は32歳のときに商家の娘と結婚したが、わずか数カ月で破綻すると、芸者や遊女などいわゆる玄人《くろうと》女性ばかりとつき合うようになった。50代の半ばには、関係を持った女性の人数・交際期間を「愛人一覧表」にまとめている。その数は16人とプレイボーイにしては少ないが、あくまで主だった女性を列挙したにすぎず、実際の人数はもっと多かったようだ。

遊び人の荷風は女性に慕われ、茶屋遊びなど派手な生活を送っていたが、一風変わった噂も流れていた。荷風は関根歌という愛人をとりわけ愛し、その彼女に待合（現在でいうラブホテル）を持たせていた。荷風はこの店に行くと座敷の押し入れに小さな穴を開け、客の性行為をこっそり凝視していたのだ。早い話が覗きである。

荷風は連日のようにこの趣味に耽った。覗いたあとには「いまのはよかった」「あれはつまらなかった」と批評までする始末。満足のいく痴態を披露してくれた客には料金を値引きすることもあったという。この淫靡《いんび》な癖も、作品に艶《なま》めかしさを添える一因になったのかもしれない。

永井荷風

115 徳川家康が敗北を忘れないよう描かせた絵がある？

↓肖像と敗北は無関係

徳川家康を描いた肖像画の一つに、「徳川家康三方ヶ原戦役画像」、通称**しかみ像**と呼ばれる画がある。苦々しげな表情を浮かべるという、肖像画としては異例の表現だが、理由は武田信玄への敗北を忘れないためだといわれてきた。

1573年、家康は三方ヶ原《みかたがはら》（静岡県浜松市）で勢いに任せて武田信玄の軍と戦うも惨敗、命からがら浜松城に逃げ帰った。その惨めな敗戦を教訓にすべく、しかみ像を描かせたというわけだ。

小説でも取り上げられる有名な逸話だが、近年「しかみ像と三方ヶ原の戦は無関係」とする説が浮上した。絵は江戸時代の中頃、紀伊《きい》徳川家から尾張《おわり》徳川家に嫁いだ従姫《よりひめ》の嫁入り道具だったというのだ。**三方ヶ原の戦いとは無関係で、絵と逸話を結びつける資料も見つかっていない**。また描法などから17世紀頃の作品と推測されている。

では、なぜ絵は三方ヶ原に由来すると考えられるようになったか。それは1936年、徳川美術館の開設者で尾張徳川家19代当主の徳川義親氏が、「家康の九男で尾張徳川家初代当主・徳川義直《よしなお》が父の苦難を忘れないように描かせた」と解説したことが理由とされる。このときの説明がいつしか「戦の敗戦の際に家康が描かせた」という話に変化し、流布していったようだ。

しかみ像（徳川美術館所蔵）

116 ペルーで1年に一度ある殴り合い祭りの目的は？

↓ガス抜きとして機能

ペルーの南東に位置するチュンビビルカ地方では、12月25日に**タカナクイ**と呼ばれる祭が開催される。タカナクイとはケチュア語で「殴り合う」という意味で、その名のとおり、村人たちが公衆の面前でバトルを繰り広げるのである。

この行事は、かつて一帯を支配していたスペイン人に、住民が立ち向かったことを記念する祭がもとになってできたという。**参戦する住民がケンカ相手として指名するのは、その年に恋愛関係や金銭問題などで実際に諍いを起こした人物だ**。ずいぶん物騒な祭りに思えるが、この地域では何か問題が起こっても、当事者は「25日まで待ってろ」と一旦矛を収めることができる。祭りには、ガス抜きのような役割もあるわけだ。

ケンカといっても、ルール無用なわけではない。使えるのはパンチとキックのみで、噛みついたり投げ飛ばしたりするのは違反だ。エスカレートしても鞭を手にした審判が割って入るので、大事に至ることはない。制限時間は特に決められていないが、相手が地面に倒れると試合終了だ。その後は両者とも握手を交わしたり、肩を抱き合ったりして仲直りする場合が多いという。ちなみに女性や子どもの参加も認められている。

タカナクイは、１９８０年代後半には政府によって禁じられたことがある。しかしその結果、町のあちこちでケンカが起こるようになったため、地域の安全を守るために祭りは復活した。

117 メキシコの爆弾を使う祭りとは？

↓自爆を楽しむメガボンバー

メキシコのグアナファト州で毎年2月に開かれる**メガボンバー**は、南米でもっとも過激な祭りだといわれる。参加者たちが爆弾を使って、次々と自爆していくからである。

ルールはきわめてシンプルだ。**まずは爆薬を仕掛けたハンマーを振りかぶり、鉄板へと力の限りに振り下ろす。そして自爆するのを楽しむのだ。**

参加者の多くは簡単な防護しか身に着けないため、毎年何十人もの負傷者が出る。２０１５年には１００人を超える負傷者が出た。威力は抑えられているため、死者が出ることはないというが、祭の間は町中に爆音が響き、まるで暴動のような雰囲気に包まれる。まさにメガボンバー（すさまじい爆発）の名に恥じない奇祭である。

メガボンバーの起源は、諸説ある。一説には、約３００年前にこの州を支配していた悪徳地主を追い出す際に、爆弾つきのハンマーが使われたことに由来するという。この勝利を称えるために、人々は毎年戦いの起きた日に爆弾を爆発させるようになったとされる。また、約４００年前、キリスト教の厳しい教えに耐えかねた若者たちが、爆弾つきのハンマーでストレス発散したことが由来だという説もある。

どのような由来があるにせよ、このような祭りが毎年続いているとは驚きである。

118 スペインには闘牛以外も馬の祭りが多い？

↓野生馬と取っ組み合う祭りも

スペインは闘牛が有名だが、動物にまつわる祭りは他にもある。北西部ガリシア州にある14の村々には、人間が馬と決闘する、**ラパ・ダス・ベスタス**という祭りがあるのだ。400年以上も続く伝統行事で、「家畜の毛刈り」を意味する。

5月頃になると、山々に暮らす野生馬数百頭が円形の会場に押し込まれる。すると村の人々は、馬に飛び掛かってたてがみと尻尾の毛を刈り、焼き印を押していくのである。押し終わった馬は体を消毒されて山へと戻される。

なぜそんなことをするかといえば、村の管理物である野生馬の個数を把握するためである。荒々しい方法を取るのは、馬に人間への恐怖心を植えつけて、人里への侵入を阻止するためだという。

会場では男性だけでなく、女性や老人までもが馬に挑みかかる。村によって作法は異なるが、国際観光事業に指定されているサブセード村では、道具を一切使わずに素手で戦う。その姿は人と馬との決闘のようだという。

そんな人と馬の決闘は、2012年に州政府がマイクロチップによる野生馬の管理を提案したことで、存続の危機に陥った。危機を乗り越え今も祭は続いているが、動物虐待に当たると愛護団体からの批判も根強いのが現状だ。

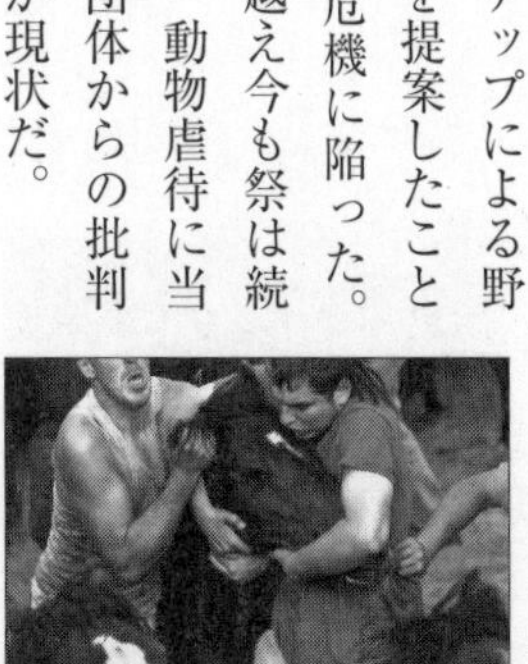

祭りの様子

119 ネコのぬいぐるみを投げ落とす祭りの由来は？

↓本物のネコを落としていた

ベルギーのイーペルという町では3年に一度、**ネコ祭り**が開かれる。初日にはネコをモチーフにしたパレードが行われ、ネコの仮装をした住人たちが町中に溢れかえる。

祭りでは**ネコ投げ**という、市庁舎からネコのぬいぐるみを投げ落とす可愛らしい行事があるが、実はこれには悲しい歴史が隠されている。

中世ヨーロッパにおいて、**ネコは魔女の使いとして忌み嫌われていた**。ネズミ駆除に利用した時期もあったが、魔女狩りが過激化するとネコの迫害も加速し、イーペルでは儀式という名目で、多くのネコが塔から投げ落とされていた。魔女の使いであるネコを投げ殺せば、己の潔白が証明されると信じられたようだ。ペスト予防を目的としてたという説もあるが、ネコを塔から投げ落とした歴史があったことは、確かである。

ネコ祭りのパレード

魔女狩りが根絶されると、**町の人々はネコへの過ちを忘れないために祭りをつくった**。１９３８年に開かれた第1回目はネコのぬいぐるみを持って町を歩くというシンプルなものだったが、次第ににぎやかになって、現在の形となった。ぬいぐるみの投げ落としも、かつての過ちを再現して戒めとするのが目的である。

120 インドのジャーム川で開催 死傷者続出の祭りとは？

↓川を挟んで石を投げ合う

インド中央部マディヤ・プラデシュ州に、ジャーム川という川がある。毎年夏、この川を挟んだ二つの村で行われるのが、**石投げ祭**だ。川に立てられた旗を奪い合うのだが、敵を妨害するために両岸から石が飛び交うことから、石投げ祭りと呼ばれている。そのシンプルさゆえに死傷者が続出する、危険な祭りだ。

この地域には、駆け落ちしようとした両村の男女が、村人たちが投げた石に当たって命を落としたという伝承がある。祭りの起源は定かではないが、この伝承に由来するという説が有力だ。

すでに１００年に及ぶ祭りだが、**２００８年には参加者数千人のうち1人が死亡、４００人以上が負傷して**インド国内で問題視され、石ではなくゴムボールを投げ合うよう提案されたこともある。しかし、住民は強く反対し、２００９年には地元当局による禁止要請を無視している。このときには、出動した警察隊に石を投げつけて暴動が起きた。

経済発展の著しいインドでは、宗教的行事が次々と見直されている。２０１２年には警察の途中介入で中止に追い込まれるなど、石投げ祭への風当たりは強い。近い将来、本当に廃止されることもあるかもしれない。

121 インドのセンチネル族が危険とされるのはなぜ？

↓警戒心が強く、殺された者も

インド洋東部のアンダマン・ニコバル諸島には、外界から隔絶された「世界最後の秘境」がある。それが**北センチネル島**だ。面積は東京都の三宅島と同程度の約60平方キロメートルで、大部分は密林に覆われている。

この島に住むセンチネル族と呼ばれる人々は、外界との交流を絶ち、現在でも石器時代に近い暮らしをしているとされる。男女とも基本的には衣服を着用せず、食糧は釣りや狩猟で確保する。宗教の有無は不明で、文字を持っているのかもわからない。かつて近隣の島民が彼らの言葉を聞いたことがあったが、理解できなかったという。

何より特徴的なのが、**警戒心の強さ**だ。部外者の立ち入りを徹底して拒み、島に侵入しようとする人間に容赦なく敵対行動をとる。１９７０年代には撮影に訪れたテレビ番組のスタッフに槍を投げて怪我をさせ、21世紀に入ってからも島に近づいた漁民や座礁した船の乗組員を殺害している。２０１８年には布教のため上陸したアメリカ人宣教師の首にロープをかけたうえで引きずるなどして殺すという、ショッキングな事件が起きた。

彼らがこれほど外部の人間を警戒するようになったのは、19世紀後半にイギリスの植民地の管理者が部族を約10人拉致・誘拐したことが原因だと考えられている。現在、インド政府は危険性と文化の保護の観点から、島の半径５キロメートル以内への立ち入りを禁止している。

122 アフリカのキクユ族に会うと唾をかけられる？

↓キクユ族にとってはあいさつ

人間関係を円滑にするうえであいさつは欠かせないが、地域によって、その作法は異なる。日本では常識の「お辞儀」が欧米では見られないのは、その一例だ。日本人からすれば奇異に見えても、その地域では当たり前のように行われるあいさつもある。

キクユ族はケニアの人口の約20パーセントを占める同国最大規模の民族で、人口はおよそ500万人。ノーベル平和賞受賞者でMOTTAINAI（もったいない）運動」の提唱者ワンガリ・マータイも、この部族の出身だ。

そんなキクユ族はあいさつとして、相手の手に唾をかける。日本や欧米などでは唾を吐く行為は侮辱するジェスチャーとして受け取られるが、キクユ族ではむしろ逆。**災いから人を守る一種の魔除けの意味があり、さらには「幸せが訪れますように」という気持ちも込められている。**

チベットにも、日本人からすると驚きのあいさつがある。舌を出すことで誠実さや敬いの証を示すのである。ニュージーランドの先住民族であるマオリ族は、互いの鼻を擦り合わせてあいさつをする。鼻には「生命の息吹」が宿ると考えられており、その鼻を相手に触れさせることで魂をやりとりしているという。

キクユ族の男女Ⓒ Wanjaudan

123 タンザニアではアルビノの死体が闇取引されている？

↓儀式用として需要があるため

アフリカ東部のタンザニアでは、国民の9割近くが呪術を信じているという。その強い信仰心が影響して、儀式のためにある人々が犠牲になることがある。その対象が、肌や目の色素を喪失しているアルビノの人々である。

アルビノの体は呪術の道具にされることがあり、死体が闇取引されることもある。 1人分の遺体は7万5000ドル（約880万円）になるといわれ、体の一部だけでも数百ドルで売買されているという。そのため、タンザニア国内では金目当てでアルビノの襲撃事件や誘拐が多発しているのだ。

2000年代以降は約100人がアルビノ狩りで死傷し、2014年末には4歳のアルビノ少女の誘拐事件が起きている。タンザニア政府は2015年に呪術禁止措置を出すなどの対応をしているが、効果は薄い。政治家の中にも呪術信奉者は多く、選挙前には儀式を行う者もあとを絶たない。もちろん、そこで使われるのは、アルビノの人々の遺体であるという。

また、タンザニアでは魔女を弾圧する風習もあり、2014年には魔女とみなされた老人と娘が、現地民たちに殺害されている。文化的な影響をすぐにとりのぞくことは難しいため、時間をかけて解決していくしかないだろう。

124 エイズで亡くなった人を展示する寺がタイにある？

↓啓蒙が目的だが賛否両論

エイズは、ヒト免疫不全ウイルス（ＨＩＶ）の感染によって引き起こされる。先進国では投薬でコントロールできるが、途上国は治療の難しい疾患である。アジアにおいてはタイのエイズ発症率が高く、１００万人以上が感染しているという。

そんな大規模な感染者を減らすべく、タイ国内外の機関が啓蒙活動を展開しているが、バンコク郊外にあるプラバートナンプ寺院、別名**エイズ寺**の活動は、インパクトが強い。**寺院内の博物館で、エイズ患者のミイラや骨を展示している**のだ。

展示室には、やせ細った中年男性や母子感染で死んだ赤ん坊、胸にシリコンの跡がある男娼患者など、寺院で最期を迎えた人々の死体が、当人の写真と一緒に置かれている。屋内には大量の遺骨と供養の仏像もあり、野外には骨で作ったオブジェもある。

患者たちの遺体を展示するのは、**病気の恐ろしさを人々に伝えるため**である。同寺院では、エイズ患者を広く受け入れており、ホスピスも運営している。展示しているのは、寺や施設で亡くなった患者たちだ。もちろん、遺体を展示するにあたっては、生前に本人から許可をとっている。

とはいえ、人道的観点から、こうした展示を問題視する声もある。活動が問題視されて寄付金が集まらなくなり、寺や施設が存続の危機に陥ったことも、一度や二度ではないという。

125 琉球の女性が憧れた入れ墨の意味とは？

↓厄除けや既婚者の証

入れ墨を入れている人は怖い。現代の日本ではそんな風に思う人が少なくないが、時代が変わると価値観も変わる。沖縄や奄美大島などの南西諸島では、多くの女性が手に**ハジチ**（針突）と呼ばれる深青色の彫り物を入れる習慣があった。

16世紀の文献には、丸型、四角型、菱型などさまざまなハジチが記録されている。**厄払いや既婚者の証として彫られていた**ようだ。入れ墨のない女性はあの世で報われないという伝承があり、ハジチを入れていない若い女性が亡くなると、納棺時に手へ文様を描くこともあったという。

ハジチは、ハジチャーと呼ばれる専門の施術師によって施された。針を何度も肌に刺し込むため、苦痛は相当なものであったという。施術の際に炎症を起こすことも珍しくなく「痛みで3日3晩眠れなかった」という人もいた。

といっても、ハジチは強制的な習慣ではなく、むしろ女性の憧れだった。奄美大島などでは「夫欲しさも一時　妻欲しさも一時　綾入墨欲しさは命限り」という民謡もある。

1899年に明治政府が入れ墨を禁止したことで、ハジチは野蛮な習俗とみなされるようになった。手に塩酸をかけて入れ墨を消した女性もいたといわれる。現在では途絶えたハジチだが、近年その歴史や文化を見直そうという声が上がりはじめ、写真展や企画展なども開催されている。

126 切腹は武士が名誉を守るために始めた？

↓初の切腹は盗賊

切腹は、武士が責任を取る最上の方法だ。新渡戸稲造の『武士道』でも、切腹は武士自身の誠実を証明する自殺方法と紹介されている。

日本で初めて切腹をしたのは、意外にも盗賊だった。９８８年、盗賊袴垂《はかまだれ》が追い詰められたとき、腹を切ったことが始まりだという。

切腹が武士の社会に定着したのは鎌倉時代以降だが、制度化されたのは江戸時代になってから。腹を短刀で一文字か十文字に切るといった作法がこの時期に決められた。**家名や主君の名誉を守るという大義ができたのも江戸時代。**こうして切腹は、武士の誉《ほま》れある自殺手段となった。

といっても、切腹は武士だけでなく、農民や町人、時には女性まで自主的に行うことがあった。安芸広島藩主・浅野吉長の妻は夫の女遊びを諌めるために割腹自殺した他、吉村嘉六の娘が未許可の仇討ちをした責任を取るために腹を切った。

明治時以降となり、制度としてはなくなっても、切腹が行われることはあった。明治天皇に殉じた陸軍大将の乃木希典《のぎまれすけ》や、太平洋戦争敗戦時の大西瀧治郎《おおにしたきじろう》海軍中将、阿《あ》南惟幾《なみこれちか》陸軍大将はその例だ。１９７０年にも作家の三島由紀夫が、陸上自衛隊市ヶ谷駐屯地内で割腹自殺している。

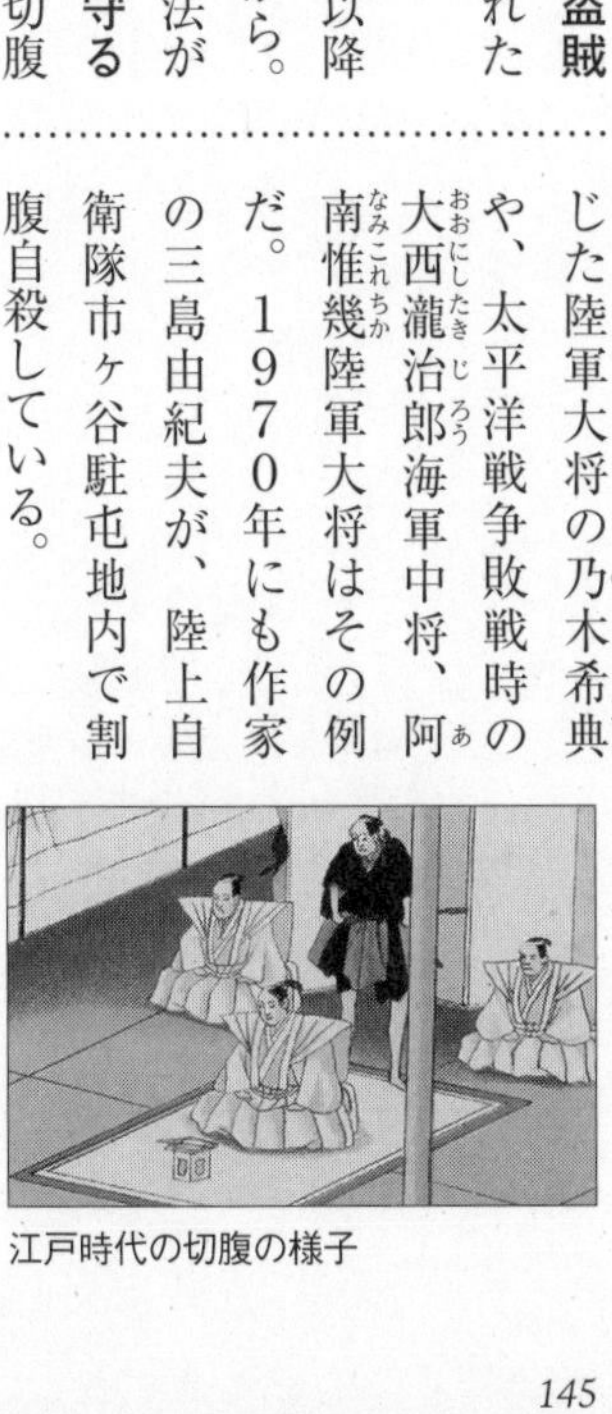
江戸時代の切腹の様子

127 江戸時代の日本では心中がブームになった?

↓武家社会ではタブー視された

江戸時代の日本では、驚くべき行為がブームとなっていた。心中である。18世紀初頭に情死を題材とした文学作品や浄瑠璃《じょうるり》が人気を集め、幕府が苦言を呈して禁令を出すほど、心中がブームと化していたのだ。

いまは結ばれなくても、浄土へ行けば幸せにくらせる。身分社会で窮屈な思いをしていた人々にとって、そんな価値観は魅力的だった。現世で生活に瀕する人々、特に許されぬ恋愛に陥った男女にとって、動かしようのない現実に期待するよりも、心中を選ぶ方が幸福だったようだ。

ただ、心中が流行したのは庶民の間だけで、武家社会ではタブーだった。庶民も心中で死にそこなえば晒し刑などに処されたが、**武士は御家断絶、一族郎党まで処罰されるなど、幕府の制裁が非常に厳しかった。**支配階級である武士が身分を否定するようなことをしては、為政者としての正当性に傷がつくからだ。

武家は家の名誉を守ることが何よりも大事だったため、一族の誰かが心中すれば、たいへんな騒ぎとなった。末代まで家の恥として残るため、病死として隠蔽されることも多かったという。

128 紙を食べる文化が日本にはあった？

↓江戸時代には紙料理があった

味噌汁の具といえば、ネギや豆腐、ワカメなどが定番だが、江戸時代には現在では考えられない〝素材〟が使われることがあった。なんと使い古した紙を具にした、**目くり餅**という料理があったのだ。

1764年に刊行された『料理珍味集』に、この珍奇な料理が紹介されている。作り方だが、まずは使用済みの奉書紙を3日ほど水に漬ける。紙から墨を落とすための作業だ。その後、紙をしっかり叩き潰し、葛と味噌を合わせてよく練り、餅を作る。これを適当な大きさに切り、味噌汁に入れて煮れば完成だ。これを食すと「**一年中病気にかからずに済む**」と効能まで書かれている。

奉書紙の原料はクワ科のコウゾで、樹皮には繊維成分が豊富に含まれている。もしかすると、摂取することで腸内環境が整えられ、便秘などの症状改善に一定の効果はあったのかもしれない。なお味はよもぎ餅に近いという。

『経済要録』という本によれば、大飢饉が起きた際にも、紙が食料にされたという。古紙を水に浸して蒸してつき、糠《ぬか》と混ぜて餅にして食べたようだ。これで飢餓を免れたというから、〝紙餅〟は究極の非常食と言えるかもしれない。

ただし、この料理に興味があってもコピー用紙などで再現料理を作るのは控えた方がいい。昔の和紙と違い、最近の紙にはさまざまな化学薬品が使用されているので体を壊す恐れがある。

129 男子禁制の地が日本にある？

↓沖縄の斎場御嶽は女性の空間

日本には、女性の侵入を禁じる女人禁制の地がある一方、逆に男性の侵入を禁じる男子禁制の聖地も存在する。それが沖縄県にある**御嶽**《うたき》である。御嶽は、神社のような社殿や祭壇を一切置かない。神聖な岩や島々をありのままに拝むことを重んじる、アニミズムの残る地である。全ての御嶽で男子の立ち入りが許されず、最高位の聖地である**斎場**《せーふぁー》**御嶽**《うたき》の場合は、国王であっても侵入が禁じられた。祭祀参加を理由に立ち入ることはできたものの、その際は女装をする必要があった。

琉球王国では、神事は男性ではなく、**ノロ**と呼ばれる女性神官が主催した。男性は神事に関わることがないため、聖地に近づく機会は少ない。結果として、男性が近づかない御嶽は女性の領域とみなされるようになり、男子禁制の慣習が定着していったのだろう。

斎場御嶽

２０００年にユネスコ世界遺産へ登録されたことにより、斎場御嶽の男子禁制は廃止された。しかし観光客のマナー違反が相次いだことで、２０１３年には斎場御嶽が位置する南城市の市長が、男子禁制の復活を検討すると発表。２０２１年時点では男性でも見学可能だが、観光客による問題行動が深刻化すれば、男子禁制は復活するかもしれない。

130 ソメイヨシノは日本古来の桜?

↓定着したのは明治時代

日本でもっとも多いサクラは、ソメイヨシノである。その割合はサクラ全体の約80%を占める。和歌には花見を詠んだものが多いため、花見の定番であるソメイヨシノも古くからあると思いがちだが、定着したのは明治時代である。

奈良時代までの花見はウメの花を見るもので、サクラを愛でるようになった平安時代以降も、山桜や八重桜が主役だった。古くから桜の名所だった奈良県の吉野山で好まれたのは、白山桜《しろやまざくら》という品種である。「吉野の桜」とも呼ばれ、開花後1週間ほどで散るが、ソメイヨシノのように一斉に咲いて散ることはない。咲く時期は株ごとに違うので、1ヵ月程度は花見を楽しめた。

ソメイヨシノ誕生は江戸時代後期で、江戸近郊の染井村で販売された。起源は異種の自然交雑説や人為交雑説など諸説ある。吉野桜と呼ばれていたが、**1900年にソメイヨシノに改名された。**

成長が早くて接ぎ木は簡単、苗木が安価ということで、ソメイヨシノは日本中に広まった。接ぎ木や挿し木で増えていったので、**遺伝子が全て同じクローンである。**ほぼ全てが一斉に開花して散るのはそのためだ。歴史は150年ほどと浅いが、いまでは日本文化を代表する品種である。

染井村。植木屋の多い地域だった(『絵本江戸桜』©国文学研究資料館所蔵)

131

鯉のぼりは鯉の家族を模した鮮やかな旗？

↓元々は1匹で色は真っ黒

端午《たんご》の節句《せっく》の象徴である鯉《こい》のぼりは、江戸時代に生れた。江戸時代の武士には、祝い事で家紋入りの旗を立てる習慣があった。これを参考に、有力商人がつくったのが、鯉のぼりだといわれる。鯉が滝を登って龍になったという故事にあやかり、**男子の立身出世を願ってつくられた**。

浮世絵に描かれた鯉のぼりを見ると、あることに気づく。**鯉のぼりは1匹のみで、色は全身が真っ黒なのだ。**

黒色以外が登場するのは、明治時代になってからだ。赤の緋鯉《ひごい》もあげられるようになり、やがて2匹の鯉は親子として扱われていく。昭和初期の童謡「こいのぼり」には、「大きい真鯉はお父さん、小さい緋鯉は子どもたち」と唄われており、この頃には真鯉は父親、緋鯉は子どもと扱うのが普通になっていた。父と子だけなのは、戦前は父親の権威が強かったためだ。

戦後に家族のあり方が多様化すると、鯉のぼりはさらに変化した。黒の真鯉は父親、かつて子どもだった緋鯉は母親になり、代わりに子どもを表す小型の青鯉が加えられた。ピンクや緑のコイも飾られることも珍しくない。今後も時代に合わせて様変わりする姿が見られるかもしれない。

江戸時代の鯉のぼり（歌川広重「名所江戸百景 水道橋駿河台」）

132 除夜の鐘は年末年始を知らせる日本の伝統？

↓現代の形式は昭和に完成

年末の風物詩である除夜の鐘。１０８回の鐘をつく音で、年末年始を実感する人がいる一方、近年は騒音被害だと苦情を出す人もいる。「日本の伝統なのに心が狭い」と嘆く人もいるが、実は除夜の鐘が現代の形になったのは昭和になってからである。

その原型は鎌倉時代には中国から伝わり、江戸時代にも除夜の鐘はつかれた。ただし、現代のように深夜に鐘をつく習慣はなかった。江戸時代の１日は夜明けから始まり日没で終わる不定時法に基づいていたので、**除夜の鐘は日が変わる「明け六つ（午前6時頃）」につかれた可能性が高い。**

明治維新後に仏教の勢いが衰えると、除夜の鐘をつく寺院は少なくなった。今のような形でつかれるようになったのは、**昭和のラジオ放送がきっかけだ。**

ラジオ放送がスタートした翌々年の１９２７年に、「除夜の鐘」という番組が始まった。当初はスタジオ内に置いた「磬子《けいす》」を打っていたらしいが、１９２９年にはお寺における鐘つきの実況中継が行われ、１９３２年には各地の鐘つきがリレー中継された。これによって全国で鐘がつかれるようになったのだ。

太平洋戦争時には、金属不足を解消しようと国によって鐘は回収され、除夜の鐘も中断された。それでも戦後には習慣が復活し、現在のような深夜０時につく形となった。

133 5月5日は男児の健康を願う日本の伝統？

↓この日の主役は女性だった

5月5日の子どもの日は、端午《たんご》の節句とも呼ばれている。男子の健やかなる成長を願うお祭りだが、かつては女性が主役となる日であった。

米が生活の中心にあった日本では、5月は田植えの大事な時期であった。奈良時代には豊作を祈るべく、**早乙女と呼ばれる女性たちが、菖蒲《しょうぶ》で屋根を葺《ふ》いて家を清め、一日篭《こも》って身体を休める五《さ》月忌《つきいみ》をしていたようだ。**これが端午の節句に行う行事だったらしい。

宮中においても端午の節句は厄払いの行事として取り入れられており、男子の成長を願う目的はなかった。

端午の節句が男子の行事となったのは、武士の時代になってからだ。鎌倉時代に武家政権が誕生すると、武士たちは「菖蒲」を「尚武」（武を尊ぶこと）とかけて端午の節句を祝うようになった。その習慣が武家社会に根づき、室町時代には武者人形や鎧兜を飾るようになっている。そうした歴史を経て、江戸時代に入ると5月5日は幕府によって「男子の成長を祝う日」と定め、関連儀式を行う重要な日と位置づけられた。

やがてこの風習は町民にも広まり、鯉のぼりなどの独自文化もつけ足されていく。武家社会でも武者人形の豪華さは増していき、現代に伝わる形となったのだ。

134 袴は平安時代から続く女性の装束？

↓普及したのは大正時代頃

女子学生が卒業式や謝恩会で着ることのある袴《はかま》。和服の一種なので、古くから伝わる伝統衣装だと思う人もいるかもしれないが、女性の袴姿が一般化したのは明治時代。もてはやされるようになったのは、なんと1990年代からである。

袴は身分の高い貴族女性の下着であり、誰でも着られるものではなかった。江戸時代になると贅沢を禁じる奢侈《しゃし》禁止令によって女性の袴は事実上禁止され、貴族でさえも着用はできなくなった。

これが復活したのは明治時代のことだ。明治維新後に女子教育が広まると、教師や女学生の袴の着用が許可された。**従来の着物では、椅子に座ると裾捌きが乱れるなどの問題が起きたからだ。**

当初は男性用の袴しかなかったために女性たちはそれを着用したが、「男勝り」と男性たちから批判されたという。1883年には、文部省も女性が男性用袴を着ることを禁止してしまう。

そこで登場したのが女袴だ。華族女学校（現学習院女子部）の下田歌子が宮中女官の服装を参考にして作った、跡見女学校（跡見女子大学）が女袴を採用した、などの説がある。このスタイルは全国へと広がり、大正時代まで女学校の制服として用いられた。

戦後は洋装化が進んだが、90年代に転機が訪れる。**同名漫画を原作とする映画「はいからさんが通る」に登場する袴姿のヒロインを真似して、成人式や卒業式での着用が増えたのである。**

135 寺社の御朱印はいつからある？

↓現在の形式は昭和初期から

すっかり趣味として定着した御朱印《ごしゅいん》集め。御朱印帳を神社仏閣へ持っていけば、寺社名や参拝した日付などが墨書きされ、朱で押印される。神社も寺院も歴史は深いのだから、御朱印も当然伝統のある風習だ、と思うかもしれない。ところが、御朱印の歴史は100年ほどしかない。

御朱印帳の大もとは、鎌倉時代にまでさかのぼる。当時は全国66カ国を回る「日本廻国大乗妙《にほんかいこくだいじょうみょう》典六十六部経聖《てんろくじゅうろくぶきょうひじり》」という巡礼があった。この巡礼の最中、巡礼者は諸国の寺社に経典の一部を奉納して、証明書の代わりに納経請取状を受け取っていた。これが江戸時代になると納経帳に押印する形式に変化して、御朱印帳の原型ができた。

この押印集めが現代の形式になったのは、明治維新以後である。**寺院が神社を管理した江戸時代までは、押印は寺院のものしかなかった。**だが神仏分離令で寺社が分離されたことにより、押印も神社と寺院にわけられた。やがて「押し印を集めると御利益がある」という噂が広まり、印を集める庶民が増えていった。

大正に入ると、折本型の納経帳の普及と旅行ブームが影響して、寺社の押印集めが流行った。押印が御朱印と呼ばれるようになったのは、駅や名所のスタンプブームがあった1935年頃だという。こうして戦前までに御朱印集めの形が整ったのである。

136 告別式は仏教の行事ではなかった？

↓本来は宗教色を排した儀式

告別式は、参列者が故人と別れを告げる儀式だ。「告別式＝葬式」と考える人もいるかもしれないが、告別式は葬式と違って無宗教で、明治時代に生まれた新しい風習だ。

日本初の告別式を行ったのは、板垣退助だ。板垣は**中江《なかえ》兆民《ちょうみん》**という自由民権運動の同志から死の間際、「葬式は行うな」と言い残された。無宗教家だった中江は仏教方式で送られることを嫌ったのだ。この遺言と遺族の申し出により、１９０１年12月に宗教色を排した儀式が行われた。これが告別式の始まりだ。

告別式の様子は新聞によって全国へと報道され、はじめは知識人の間で広まった。俗っぽい華美な葬儀ではなく、無宗教で簡素な形式の告別式は、社会のニーズにあっていた。大正から昭和の間には一般人にも広まっていき、葬儀からは宗教色が薄れて故人とのお別れや功績を称える方向へと変わっていく。

その後、**都市化に伴い葬儀は規模が小さくなり、通夜と告別式は一体として扱われることが増えた**。現在の葬式では、弔辞、弔電、遺族のあいさつが告別式に当たる。簡単にいえば、僧侶の読経などの宗教教義に則った儀式が葬式、友人や知人が故人との別れを済ませる儀礼が告別式なのである。

中江兆民

137 葬儀で置かれる祭壇は仏教では何を意味する？

↓仏具を置く質素な台だった

葬儀では、遺影の周りに生け花が多く飾られた祭壇が置かれる。古くから当たり前のようにありそうだが、この祭壇が生まれたのは昭和初期。当初は仏具を置く台にすぎなかった。

大正期から自宅で葬儀を行なう家が増えたことで、棺の前に仏具を配する台が置かれるようになった。これが初期の祭壇だ。

当初は地味だったが、昭和に入ると祭壇は豪華に飾りつけられるようになっていく。浄土を再現するという名目で宮殿のように造られ、太平洋戦争前には、**派手に飾ることがステータスとなっていた。**

昭和30年代には祭壇や葬儀用品のカタログが作られて、祭壇の存在感はより大きくなっていった。極めつきはバブル景気の頃で、このときに高価な葬儀が次々と営まれ、「祭壇は豪華に彩るもの」という考えが根づいたとみられる。

だが、バブル崩壊により、葬儀はシンプルで安価なスタイルへと変化しつつある。かつては豪華絢爛だった祭壇も、簡素なものが好まれるようになった。

もちろん、決して死者を弔う気持ちが下火になったわけではない。一時期は派手さを競い合った葬儀や祭壇が、「個人を弔う」という本質に回帰しているとも考えられる。いずれは故人の威光を示すためだった祭壇も、仏具を飾るだけの置台に戻るのかもしれない。

138 氏子は古くから氏神に仕える人々ではない？

↓江戸時代の戸籍制度の代わり

氏子《うじこ》とは、地域の土地神（氏神）を信仰する人々だ。無宗教や他宗教の信徒であっても、氏地に住んでいれば氏子とみなされる。氏子と氏神の概念は1000年以上前からあったが、制度として確立したのはごく最近。多くの「伝統」と同じく、明治に入ってからだ。

江戸時代には、寺請《てらうけ》制度によってすべての庶民は仏教徒とされた。といっても、神道と仏教は混然としており、庶民はお寺でも神社でも自由に参拝できた。

しかし明治維新後、寺の腐敗や神道勢力の突き上げなどによって寺請制度は廃止。代わって1871年に実施されたのが、**氏子《うじこ》調《しらべ》**だ。

これは、国民全員を地域の神社の氏子とし、氏名や世帯人数を記録させ、身分証明をするという戸籍制度の一種で、**中身は寺請制度と全く同じ**である。

信仰の自由を謳う近代的な価値観とは相容れないためたった2年しか続かなかったが、この制度が名残となって現在に至るというわけだ。

139 神社の近くに住む人は神前式を挙げていた？

↓戦前まではマイナーだった

日本の結婚式は、教会で愛を誓いあうキリスト教形式が多いが、日本にも**神前式**という結婚式がある。神社で新郎新婦が神々に誓いを立てる形式だ。古きよき日本の伝統に沿ったイメージがあり、伝統を重んじる人にはうってつけの式だろう。ただ、神社での結婚式は昔からあったわけではなく、一般化したのは明治時代以降である。

江戸時代までの結婚式は、各家庭に花嫁道具を運びこみ、花嫁が新郎家に移って親戚縁者の間で祝言をする方式が一般的だった。**明治初期であっても神前式はかなりマイナー**で、１８７５年に美濃（岐阜県）である家庭が神前式を行なったときには、奇妙な儀式として新聞記事にされている。

神前式に臨む嘉仁親王

神前式が一般化したきっかけは、１９００年の5月10日、皇太子の嘉仁《よしひと》親王（大正天皇）と九条節子《くじょうさだこ》（貞明《ていめい》皇后）が神前式で結婚の儀を行なったことにある。この結婚に便乗して、**日比谷大神宮（東京大神宮）が皇太子の式を簡略化させた挙式を都市部へと広めていった**のだ。これが戦後に入ると、地方でも定着した。

なお、仏教にも「仏前式」という挙式があるが、僧侶の婚姻が法的に許可された明治時代に始まったもので、仏教関係者以外では珍しい形式だ。

140 正座が正しい座り方になったのはいつ？

↓江戸時代に暗殺対策として

法事や葬儀など、改まったときには正座が求められる。長時間正座をするのは大変だが、それは昔の人々にとっても同じだったようだ。

正座は古代に中国から伝わったというが、足への負担が大きいために普及はしなかった。**貴人や神仏を前にしたとき以外はあぐらか立膝が一般的**。戦国時代の武家社会でも、あぐらを正しい座り方としていた。正座という呼び名もなく、「かしこまり」や「つくぼう」と呼ばれていたようだ。

正座が普及したのは、江戸幕府3代将軍家光の時代だ。当時は戦国の気風が残っており、将軍が諸大名に暗殺される危険があった。そこで暗殺対策として、家臣や諸大名に正座を強いたという。足を痺れさせ、襲われるのを防ごうとしたのだ。

また江戸時代は、贅沢品だった畳が世間に広まった時期でもある。畳のおかげで足の負担も減ったからか、裕福な商人などにも正座は広まったようだ。

さらに明治維新以後には、**新政府が西洋のようなマナーを作るため、正座に注目した**。背筋がまっすぐに伸びる美しい姿勢として奨励したのである。正座という名もこの時代につくられ、あぐらは下品、正座が正しいという価値観が広まっていったのである。

ただ、正座は足への負担が強い。足腰が弱い人は、横座りしたり座椅子の利用を考えた方がいいだろう。

141

喪服は古くから黒が一般的だった？

↓庶民の喪服は戦前まで白

ワイシャツを除き、喪服は黒で統一するのが常識だが、かつて一般庶民の喪服は「白」が常識だった。「死者と同じ色の着物を着る」という理由からだが、庶民は布を染める手間やお金がなかったので、簡単に用意できる白い喪服を用意したという事情もある。

白喪服の習慣が変わったのは、明治時代。文明開化で欧米文化が流入した中で、ヨーロッパの「黒喪服」も取り入れられていったのだ。公式で黒喪服が初めて着用されたのは、１８７８年の大久保利通の葬儀においてである。

一般庶民の間ではこの時期も白喪服が着用されていたが、状況が変わったのは太平洋戦争だ。当時の喪服は貸衣装が一般的だった。ところが戦死者の葬儀が相次いで行われたことで、白喪服の手入れが行き届かなくなってしまった。困り果てた貸衣装屋は汚れの目立ちにくい黒喪服を扱うようになり、上流階級に限られた黒の喪服文化は、一般社会にも浸透していった。

その後、日本が連合国の占領下に置かれたことで、欧米式の黒喪服の普及は加速する。遺族だけでなく参列者も黒を着用する意識が広まり、正式なマナーとして世に広まったというわけだ。

なお、明治時代までは遺族以外の弔問者が喪服を着用する必要はなかった。弔問者までが喪服を着用するようになったのは、１９６０年代の高度成長で葬儀産業が発展してからである。

142 行司が烏帽子をかぶる理由とは？
↓髪型を隠そうとした？

相撲の行司《ぎょうじ》といえば、伝統衣服に烏帽子《えぼし》を被った姿がおなじみだ。この装束も、実は使われ始めて１００年ほどしか経っていない。

江戸時代までの行司は裃袴《かみしもはかま》に髷《まげ》を結《ゆ》う姿だったが、明治時代には断髪令で丸刈りに変わっていた。この組み合わせに違和感を覚える観客は多かったことから、国技館設立に伴い、横綱の土俵入りの際は素襖《すおう》に烏帽子を被る形に改められた。

これに続いて行司の吉田追風《おいかぜ》が共通装束の選定に着手して裃袴や素襖は廃止となり、代わりに武士が鎧下に着た鎧直垂《よろいひたたれ》が採用された。

軍配、菊綴《きくとじ》、胸紐《むなひも》などの色で階級分けされたのも明治時代からだ。立行司は紫、三段格が緋色、幕内格が紅白、十両格が青白でそれ以下は黒というように、色で行事の階級をわかりやすくしたのである。侍烏帽子の装着で頭髪の違和感をなくし、１９１０年に現在のスタイルが完成した。

現在の行司の服装に大きな変化はないが、昭和の時代に新しく決まったこともある。三段以上の行司は足袋と草履、それ以下は足袋のみを履くことだ。当初は立行司のみ足袋と草履を許されていたが、現在では三段格から上が足袋と草履、十両格までが足袋、それ以下が裸足と三段分けされている。

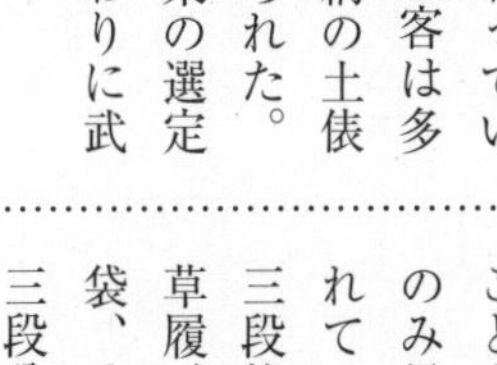

江戸時代に描かれた相撲絵。右側にいる行司はまげ姿（国会図書館所蔵）

143

相撲の土俵はずっと女子禁制だった？

↓古代には女性も相撲に参加

相撲の土俵内は、女人禁制とされている。2018年には京都舞鶴市で、土俵上で倒れた市長を救命治療した女性看護師らに「土俵から降りてください」とアナウンスが流れた話は有名だ。相撲協会は謝罪したが、土俵の女人禁制に再び注目が集まるきっかけとなった。

長い歴史があると思われがちな相撲の女人禁制だが、**神事として奉納された古代には、女人も相撲に参加していた**。男女の混合相撲もよく行われており、女相撲という女性のみの相撲もあった。女相撲は、今も神事として残る場所もある。

そもそも、最初に宮中で相撲を取ったのは女性だとされている。『日本書紀』によると、雄略天皇がある職人の仕事を失敗させるため、女官に相撲を取らせて注意をそらそうとしたのが始まりであるという。

土俵ができた1699年頃になると、女性は土俵入りができず、観戦を制限されていた。ただし、完全に締め出されたわけではなく、浅草寺では女相撲が行われて人気を集めたこともある。この頃には神聖な儀式というよりは、俗な見世物として相撲は一般大衆の娯楽となっていた。

明治になると女性の観戦制限は解かれていき、1877年には全興行の見物を許された。しかし土俵の女人禁制は残り、「伝統」として定着していく。今ではこの「伝統」に縛られているが、かつてはおおらかな時代もあったようだ。

144 大和魂は力強い日本男児を表す言葉?

↓幕末までは女性を表す言葉

大和魂という言葉には男性的なイメージがあるが、元々は優美で繊細な、女性的要素の強い価値観だった。

この価値観が生まれたのは、平安時代の頃。中国文化を消化した国風文化が盛んな時期で、女性の文化人たちもその担い手となった。**中国の学問を参考にしつつも、国土に合った教養を発揮する。そんな雰囲気の中で大和魂は生まれた。**江戸時代に盛んになった国学でも、大和魂は女性的な文化思想と考えられていた。

では大和魂が男性的になったのはなぜか? そのきっかけは明治維新と戦争である。幕末の尊攘運動の中で、大和魂は日本の独自性を表す精神として使われるようになった。その価値観が明治維新後、天皇と国への忠誠心を教えるために国によって広められたのだ。

このような考え方は、日清・日露戦争での勝利でより強くなっていく。二つの大国に勝利して列強の一員となったことで、大和魂は日本の優位的精神を表現するものに変化した。太平洋戦争の際には軍部が突撃精神の代名詞として用い、現在にも男性的イメージが受け継がれている。

日露戦争時の日本軍兵士

145 日本人の時間厳守は古くからの国民性？

↓明治時代までは時間にルーズ

日本人はとにかく時間に厳しいといわれる。例えば電車の到着時刻。数分の遅れすらない正確さは、外国人に驚かれることも多い。

昔からの気質なのだろうとなんとなく思ってしまうが、江戸時代までの日本人はそれほど時間に厳しくなかった。むしろ幕末に訪れた外国人技師からは**「仕事が終わるのか心配だ」と苦言を呈されるほどルーズだった**のである。

江戸時代までの時刻は、一日を昼と夜に分けて、さらに6等分する不定時法で把握していた。**日の出から日没までの時間は季節で違うので、時間規律はさほど厳しくなかった。**時計を持っていたのは一部の富裕層だけで、大半の庶民は寺の鐘の音を時間の目安にした。

日本人が時間に厳しくなったのは、明治時代以降である。明治に入ると不定時法から時・分・秒を単位とする定時法に変更されて、鐘を時計代わりとする習慣もなくなった。**定時運航・時間厳守が鉄則である鉄道が開通し、さらには時間を区切り授業をする西洋流の学校制度が導入され、時間意識は変化していく。**

また、軍隊の創設も時間意識に影響を与えた。軍は作戦遂行のために行動時間を細かく設定するので、兵員は時間厳守や規律が求められた。

そして、1876年にはばらつきのあった時間規律が全国で統合され、日本全国に時間を守る概念が広まっていったのである。

146 日本人はいつから白米を食べている？

↓普及したのは高度成長期

日本人の主食である米は、３０００年以上前に大陸から伝わったといわれる。それ以降、日本人のソウルフードであり続けたが、「白飯」を食べるようになったのは、近代以降のことである。

伝来初期の米は古代米と呼ばれており、色は赤や黒だった。白米になったのは奈良時代からだというが、米は大半が税として納められたため、農民が口にする余裕はなかった。

江戸時代中期になると庶民も白米を食べるようになったが、それでも現在の白飯とは異なっていた。米を炊く調理法は鎌倉時代からあったものの、江戸時代は炊飯という技術は一般的ではなく、米は蒸すか煮るものだった。食べられるのは主に都市部の住民で、農村では雑穀米か糠《ぬか》や籾殻《もみがら》の残った米が主食だったのである。

幕末になると水車式精米機の開発で白米の入手が容易となり、明治維新後には現在のような精製米を、都市部の住民や豪農が食べるようになった。とはいえ、一般農家の米事情は江戸時代のままで、状況は戦前を通じて変わらなかった。

農村を含め、全国の国民が現在のような白飯を食べるようになったのは、**精米工程が機械化し、炊飯器が一般化した戦後の高度成長期だ**。米の歴史こそ古いが、馴染みのある白飯の歴史は浅いのである。

147 夫婦同姓は古くから続く日本の伝統？

↓明治時代半ばに制度化

女性の社会進出に伴い、夫婦別姓を求める声が大きくなっている。夫婦が異なる姓を名乗れるよう、法改正を求める動きが女性や若者から広がりつつあるが、反発する声も大きい。

「伝統的な家族制度の崩壊」というのが主な反対理由だが、実は夫婦同姓の家族制度は、１００年ほどの歴史しかない。

江戸時代までは、女性が婚家の姓だけを使うことは非常に珍しかった。貴族や武家の女性は公式の場では実家の姓を、それ以外では婚家の姓を使っていたようだ。庶民は正式な場で苗字を禁じられたため、名前しか名乗らない人は多かった。

１８７５年には苗字使用が許可されても、夫婦同姓は強制されなかった。むしろ政府は、「女性が婚家の苗字を名乗るのは夫の家督を相続したとき」と夫婦別姓を事実上認めていた。

しかし、政府が**家父長制の整備**を目指すことを決めると、１８９８年に旧民法が施行され、夫婦同姓は制度化された。その影響が現在にも及んでいるわけだが、仕事の都合やアイデンティティーのために結婚前の苗字を使いたい女性は増えている。２０２０年に早稲田大学の棚村政行教授らが発表した調査では、選択的夫婦別姓に賛成する声は男女あわせ、７割に達している（全国の60歳未満の成人男女７０００人が対象）。昔からあるからという理由では、納得できない人は増えていく一方だろう。

148 霊柩車の親指隠しは20世紀以降の新しい風習？

↓江戸時代から知られていた

古いようで新しい風習も多ければ、新しいようで歴史の長い伝統もある。その一つが霊柩車《れいきゅうしゃ》の親指隠しだ。

霊柩車が故人を火葬場へと運ぶ様子を見たときは、親指を隠さなければ災いが訪れる。そんな風習である。親指を見せたままだと「親が早死にする」「親より先に死ぬ」など、地域によってさまざまなパターンがあるようだ。

意外なことに、**葬儀で親指を隠す風習は江戸時代からあった。**国学者の小山田与清《おやまだともきよ》が記した『松《まつ》屋筆記《のやひっき》』には、「親指の爪の間からは魂が出入りするので、葬儀では握り隠すべき」とある。

この当時、葬儀場には成仏できない故人が漂っており、その個人が親指から体に入ることもあると考えられていた。これを防ぐために、入り口となる親指を隠すのがよいと信じられていたのだ。

この風習は、明治以降もなくならなかった。親指と親不孝がかけられた噂も多かったという。そうした中で登場したのが霊柩車である。明治まで、故人の棺は複数人で担ぐか台車で運ばれるのが普通だった。しかし大正時代に車が普及すると、棺を自動車で運ぶという現在のスタイルへと変わった。やがて親指隠しの対象も霊柩車に変わり、「霊柩車をみたら親指を隠せ」という風習が生まれたのである。

149 平成以前にも会えるアイドルがいた？
↓江戸のアイドルが大評判に

2010年頃から、会いに行けるアイドルが人気を博した。アイドルは身近な存在として演出され、ファンは推しメンをセンターにすべく、総選挙などに熱中した。その売り出し方が話題になったが、直接会えるアイドルは、江戸時代にもいた。

18世紀半ば頃の寺社の門前には、**水茶屋**《みずぢゃや》があった。参拝客に茶を低料金で提供する喫茶店のような店だ。人気の水茶屋には客が押し寄せたが、彼らの目的は、看板娘に会うことである。

10代の若い給仕を目当てに来店する男性客は多く、中でも**明和三美人**と呼ばれた鍵屋のお仙、柳屋のお藤、蔦屋のお芳の人気はずば抜けて高かった。**手ぬぐいや一枚絵などのグッズが飛ぶように売れ、お仙の毬歌も流行した。看板娘の人気ランキングが出されるほどの熱狂ぶりである。**

しかし、ブームは長く続かなかった。商売は過激さを増していき、客とのボディータッチや枕営業までする看板娘も出始めた。幕府はたびたび水茶屋規制を行い、1830年には全ての水茶屋を強制的に廃業させたのである。

江戸時代のアイドルは消えたが、明治にも浅草の凌雲閣で芸者の人気投票が行われるなど、アイドル文化は絶えなかった。これも日本に根づいた「伝統」なのかもしれない。

左が看板娘として人気を集めたお仙（鈴木春信画）

150 日本ではかつて同性愛が珍しくなかった？

↓江戸時代までは男色が盛ん

武家や仏教の社会では、男性同士の恋は珍しくなかった。江戸時代には衆道《しゅどう》（男色）文化が町人にも広がり、社会問題になったという。

松尾芭蕉もまた、男色を好んだ文化人だった。芭蕉が句をつくるために幾度も旅をしたことは有名だ。道中は男性の弟子が一緒だったが、芭蕉はその弟子と男色関係を結んでいたのである。

恋人は越智越人《おちえつじん》と坪井杜国《つぼいとこく》という。二人は芭蕉が愛弟子とした美青年であり、１６８７年の江戸から明石の旅では二人を交互に同行させていた。鳴海から伊良湖岬《いらごみさき》を旅した越人とは宿泊地で「寒けれど二人寝る夜ぞ頼もしき」と読むほどの関係だったが、芭蕉の本命は杜国だったらしい。

旅路の詳細をまとめた『笈《おい》の小文《こぶみ》』によると、伊勢の地で合流した芭蕉と杜国は互いの笠に「乾《けん》坤《こん》無住同行二人」という文字を掘っている。意味するところは「私とお前がいればいい」である。恋愛成就の地である初瀬でも二人で歌を詠み、宿泊地でも深い関係を匂わす句を残している。

「草の枕のつれづれ二人語り慰みて」

こうした恋人との旅は、翌年春まで続いたそうだ。その後、伊良湖に帰った杜国は病で１６９０年に死亡。芭蕉は晩年になっても杜国を忘れられず、夢に見ることすらあったという。ただ、その後の旅でも美少年に歌を送ったり、弟子に杜国との旅を嫉妬されたりしたそうだ。俳聖と称される芭蕉も、なかなかに恋多き人物だったようだ。

151 人が生贄として捧げられた城がある？

↓証拠はないが伝承は多い

城や屋敷を建てる際、生きた人間を生贄に捧げる**人柱《ひとばしら》**。人柱伝説は全国各地にあるが、中でも有名なのは島根県にある**松江城の言い伝え**だろう。

１６０７年、建設途中の松江城では石垣の崩落事故が相次いでいた。領主の堀尾吉晴は事故の原因を地霊の怒りだと考え、生贄を捧げてこれを鎮めようとした。候補を探すために盆踊りを開き、その中から一番美しい少女を密かに選ぶと、祭が終わったあとに少女を誘拐した。拘束した少女を生きたまま石垣の下に埋めると、その後、事故は起きなくなったという。

だが、その後に城下で盆踊りを開くと城が唸るように軋むなど、城では異変が起き続けた。堀尾と息子は城の完成前に相次いで死亡し、代わりの領主にも次々に不幸が襲いかかったという。人々は人柱にされた少女の呪いと恐れ、松江城下では盆踊りをしなくなったという。

松江城に人柱が埋められたという証拠は、見つかっていない。伝説は「僧侶が埋められた」「石垣から人骨が見つかった」など何パターンかあり、いずれも事実であるかは不明だ。他の地域では人の代わりに人形が埋められるなど、必ずしも人間が犠牲になったわけではない。

ただ、人が犠牲になっていないにしては、伝承の数が多すぎる。戦国から江戸にかけて建てられた何百もの城の中には、本当に人を埋めた城もあったのかもしれない。

152 補陀落渡海が究極の苦行といわれるのはなぜ?

↓浄土を目指し命を捨てるため

世界遺産にも認定された紀伊半島南部の聖地・熊野三山。かつてこの地では、**補陀落渡海《ふだらくとかい》**という究極の修行が行われていた。

補陀落は「観音菩薩がいる浄土」を意味し、インド南方の海にあると信じられていた。僧侶は補陀落を目指し、小舟に乗り込み海上に旅立った。与えられるのは一カ月分の食料と照明用の油のみ。戸口には釘が打ちつけられ、二度と外へは出られない。そんな状況で、**僧侶は衰弱死するまで読経して海原を漂流する**のである。

『熊野年代記』によると、初の補陀落渡海は868年に慶龍上人《けいりゅうしょうにん》が行ない、1722年までに20人近くの僧侶が海を渡っている。那智の浜辺近くの補陀洛山寺が出発点で、高知県の足摺岬や室戸岬、博多湾などでも出航が確認されている。

ほとんどの僧侶が亡くなったが、中には生存した僧侶もいる。16世紀の僧侶・日秀上人《にっしゅうしょうにん》は沖縄本島まで流れ着き、現地で布教活動に励んだとされる。同じく生存した金光坊《こんこうぼう》の末路は悲惨で、現地の信者に海へ突き落とされて溺死した。

この事件ののち、補陀落渡海は死んだ僧侶を海へと流す水葬式に改められ、生きた僧侶の出航は事実上禁止された。

補陀落渡海を描いた曼荼羅(「那智参詣曼荼羅」部分/熊野那智大社所蔵)

153 戦場で刀はどのように使われた？

↓ほとんど使われなかった

武士の象徴として大事にされてきた日本刀。時代劇のハイライトでは、刀を振るって戦う姿が描かれる。だが、チャンバラはあくまでもフィクションであり、武士は敵に攻撃するとき、刀をほとんど使っていないのだ。

武士が主に使った武器は弓である。室町・戦国時代になると弓矢や鉄砲、長槍が戦いの主役となり、刀での戦いはまずなかった。刀はあくまで補助装備であり、乱戦などの緊急時や、矢や弾丸が尽きてまともな槍もないときに使われた。

刀が最も使われたのは、敵将の首を取るときである。そのために、甲冑武者との戦いを想定した「組太刀」という武術もある。相手を組み伏せ鎧の隙間を狙うものなので、刀を振るう通常の剣術とは少々性質が違っている。

刀が「武士を代表する武器」とみなされるようになったのは、江戸時代に入ってから。戦争が少ない時代だったが、喧嘩や仇討ちなどの騒動はあとを絶たなかった。その場合には刀が用いられた。また、江戸時代が250年以上にわたって続いたことで、刀は武士の精神性を示すようになる。絵図や大衆向けの読み物などにも、刀は武士と共に描かれた。そうして次第に、「武士は刀で戦う者」というイメージが根づいたとされている。

154 戒名のランク制はどんな経典に由来する？

↓経典と関係のない新しい制度

戒名《かいみょう》は、故人が無事に浄土へ行くために与えられる名前で、生前の地位や人徳などを考慮して菩提寺の住職などが決める。**由来は元服した男子を「字」や「号」で呼ぶ古代中国の風習にあるとされ、**仏教伝来とともに日本へと伝わった。

しかし、伝来当初の戒名は生前の出家者のみに与えられ、死者に贈られることはなかった。死者につける制度が始まった室町時代でも、一般庶民には浸透しなかった。戒名を授かるのは僧侶や武士が大半で、生前のうちに授かると縁起がいいとされていた。

戒名が一般庶民にも浸透したのは、檀家制度で戒名が義務づけられた江戸時代。**戒名料の大小でランクが変わる制度が生まれたのは、なんと戦後の高度成長期**である。

この時期には、都市部において菩提寺を持たない家庭が増えていた。加えて葬儀業者が増加して、寺の収入が激減していた。そこで収入を増やそうと、各寺は「戒名料を多く払えば高ランクの名前が貰える」という戒名のランクづけを始めたのである。

本来、戒名は極楽浄土へ安らかに旅立つための名前だった。そこにランクなどはなかったし、金で購入するものでもなかった。またバブル崩壊以降は豪華な葬儀はとんとなくなり、高額な戒名料を出す人々も減った。今では俗名のままで済ますケースも増えているようだ。

5章 科学編

155 放射能の影響を知るための米政府の人体実験とは？

↓病人にプルトニウムを注射

マンハッタン計画は、第二次大戦中の米軍が進めた原爆開発計画だ。ドイツの亡命科学者からナチスの核開発を警告された政府は、先んじて保有するべく原爆研究を開始。１９４５年7月16日に原爆実験は成功し、アメリカは世界初の核保有国となった。ここまでは有名な話だが、その裏で放射能汚染の影響を知るための人体実験が行われていたことは、あまり知られていない。

実験から2カ月前の１９４５年5月、サンフランシスコの病院で58歳の患者の大手術が行われた。**表向きは末期胃がんの切除手術だが、実はこの患者には、無許可で大量のプルトニウムが注射されていた。**政府は原爆開発を進める一方で、プルトニウムの毒性と体への悪影響を調べるために、重病患者を使って人体実験をしていたのだ。

切除された胃の大部分と肝臓は、研究材料として持ち去られた。末期がん患者を対象としたプルトニウム注入は相次ぎ、**１９４７年までに被験者15人全員が死亡した。**この事実は、１９９３年にニューメキシコ州の地方紙の調査で判明した。

核にまつわるアメリカでの人体実験は、これだけではない。ロサンゼルスタイムズが１９９４年に報じた情報によると、50年代から70年代までの間に、治療費未払いのがん患者80人が放射線照射実験に使われたという。核戦争の恐怖が身近だった時代には、核にまつわる非人道的な実験が繰り返されていたのである。

156 核研究の黎明期に大事故が起きた理由とは?

↓放射性物質を雑に扱ったため

高いエネルギーを持ち、人体や環境を破壊する恐れのある放射性物質。核研究の黎明期には粗雑に扱われ、事故の原因になることもあった。**デーモン・コア臨界事故**も、その一つである。

デーモン・コアとは、アメリカのロスアラモス研究所で扱われた約6・2キロのプルトニウムの通称だ。なぜデーモン（悪魔）なのか？　それは、この塊を使った実験で死者が出ているからだ。

事故は二度起きている。被害が大きかったのは、1946年5月21日に起きた臨界事故。臨界とは、簡単にいえばエネルギーを生み出すための点火段階だ。放射性物質に中性子を近づけることで臨界に達する。この状態を維持することで安全にエネルギーを生み出せるが、制御できなければ暴走し、人体や自然を破壊してしまう。

実験では、放射性物質と中性子をどのくらい近づければ臨界に達するか、距離を測ろうとした。問題は、**距離調整の道具がドライバーのみで、これが外れれば臨界に陥る危険があった。**

この不安は的中し、ドライバーが外れて研究員たちは大量の放射線を浴びた。ドライバーを操作した科学者は放射線障害で9日後に死亡。他一名に被曝による障害が残るという大惨事となった。

デーモンコア臨界事故の再現写真

157 死刑囚を対象としたドイツの人体実験とは？

↓寄生虫の卵を食べさせる実験

19世紀のドイツ人医師キュッヘンマイスターは、ホラー漫画の登場人物さながらに、恐ろしい実験を行なった。**サナダムシの寄生経路を調べるため、死刑囚にサナダムシの卵が入った料理を食べさせ続けた**のである。

キュッヘンマイスターは、サナダムシの感染は食物を摂る際に起こるという仮説を立てた。この仮説を立証するべく、ドイツ南部の領主から死刑囚の利用許可を得て、寄生虫実験を開始する。サナダムシの卵が入ったスープを死刑囚に飲ませ続け、その死刑囚を刑執行後に解剖して虫の有無を確かめようとしたのだ。

実験のことを伝えられないまま、死刑囚はサナダムシの卵入りスープを飲まされ続けた。刑の執行後に解剖してみると、体内から10匹のサナダムシが確認されている。

次は志願者を募って卵入りミルクを飲ませたところ、死刑囚は卵入りの便を出し、処刑後の体からは成虫が見つかった。さらに豚の非加熱ソーセージを食べさせたところ、やはり体内には何匹もの虫が巣食っていた。

これによってサナダムシが食物感染することと、加熱が不十分な肉を食べると感染リスクが高まることが判明した。考えただけでも気分の悪くなる実験だが、そんな実験にわざわざ志願する人がいたことも、驚きである。

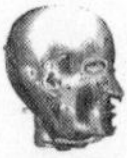

158 戦中の日本で捕虜が人体実験を受けた？

↓医師が非人道的な実験を実施

太平洋戦争中の人体実験といえば、満州（中国東北部）に駐留していた日本陸軍７３１部隊によるものが有名だ。実は国内においても、**大戦末期に米兵捕虜を対象にした実験が行われていた**。その現場となったのは、九州帝国大学である。

１９４５年５月５日、九州北部を空爆したＢ‐29が撃墜され、米軍乗員9名が捕虜となった。うち機長のみが東京へ輸送され、残りの乗員は「適当に処置せよ」との命令が下される。そこで西部軍司令部が九州帝大出身者と協議し、大学で人体実験を行うことが決定した。大学本部が組織的に介入したのか、不明な点は多いが、捕虜たちは処刑が確定していたので、どうせ殺すのならば実験に使おう、ということだったらしい。

重傷の捕虜は片肺が抜き取られ、ある捕虜は血液の代わりに海水が入れられた。別の捕虜は出血を死ぬまで観察されたといわれる。その全てが大学構内の解剖実習室にて行われた。実験の対象となった8名全員は死亡した。

人体実験は、**新手術法をテストすることが目的だったという**。日本の敗戦後、事件に携わった医師と軍人たちはＧＨＱの裁判にかけられ、5名が死刑となり、大学の医師ら18名が有罪となった（死刑宣告された5名のうち、獄中死したひとりを除いた4人が恩赦で減刑された）。なお、事件では軍人らが捕虜の内臓を食った話もあるが、これはデマである。

159 人体はどこまで高温に耐えられる？

→127度でも健康被害なし

人体はどこまで高温に耐えられるのか？　この謎への挑戦が1774年にイギリスで行われた。

イギリス人科学者のジョージ・フォーダイスは、人間が耐えられる限界温度と高温下での人体の状態を調べるために、実験を試みた。方法は至って簡単で、**ジョージを含めた5人の被験者が、高温室に限界まで閉じこもるだけ**。室温は65度からスタートして、小休止をはさみながら徐々に上げていくこととした。

実験開始直後は、5人に大きな変化は見られなかった。しかし、室温が92度に到達すると、ジョージは鼻が焼けつくような感覚に襲われ、めまいや体の震えを感じ出した。実験は中断されたが、次はさらに温度を上げて100度以上で実験が行われた。参加者は発汗が止まらず脱水症状に苦しみ、呼吸もままならなかったという。結局、実験は全員がリタイアしたが、最後の1人が脱落したときの温度は127度。これほどの高温下にいても、被験者らに大きな健康被害はなかった。

この実験により、短時間なら人間は120度ほどまで耐えることが可能で、人体に平熱の概念があることが判明した。この頃は外気温に合わせて体温が上下すると考えられていたが、実験直後に体温を計測しても、被験者全員が36度前後を保っていたことから、人体には体温調整機能があると考えられるようになったのだ。ただし、その詳しい原理が判明するのは19世紀のことである。

日常編
事件・結社編
歴史・地理編
文化・伝統編
科学編
法律・制度編

160

自身をカテーテル手術の実験台にした医師がいる？

↓実験は成功するも非難の的に

細い管を血管に通して、薬剤や造影剤などを注入する**カテーテル治療**。これを初めて実践したのが、ドイツ人医師ヴェルナー・フォルスマンだ。

1929年、25歳のフォルスマンは、動物を対象にしたカテーテル実験を人に応用できないかと考えた。しかし、手術の難度が高く、わずかでも手元が狂えば大出血となる恐れがある。そんな実験に患者を使うことを、上司は許さなかった。

それでもフォルスマンは諦めず、**同僚たちの反対を押し切って自身の身体で実験を始めた**。左肘の静脈から65センチのカテーテルを挿入すると、そのままレントゲン室まで歩き、鏡を見ながらカテーテルを心臓まで到達させたのである。

命と引き換えの実験であったが、**周囲の風当たりは強かった**。教授からは「まるでサーカスの見世物だ」と罵倒される始末。結局、フォルスマンは失意のうちに大学を去ることとなった。

1956年、田舎で町医者として暮らしたフォルスマンのもとに吉報がもたらされる。フォルスマンをカテーテル研究のパイオニアとして、ノーベル生理学・医学賞を授与するというのである。アメリカの二人の研究者がカテーテル技術の治療法を確立させ、フォルスマンの正当性を証明したためだった。命がけの実験はようやく報われた。

フォルスマン

161 人間は漂流するとどのくらい生きられる？

→自ら漂流した医師は65日生存

真水も食糧も手に入りにくい大海原に放りだされても、人間は生存できるのか。この謎に挑んだのが、フランス人医師のアラン・ボンバールだ。

ボンバールは、海水を飲むのは逆効果という常識に疑問を抱いていた。１９５１年に難破船乗組員の蘇生治療に失敗したという苦い経験もあり、遭難時の生存方法確立に強い意欲を持っていた。そこで、自らゴムボートに乗り込み大西洋を横断して、漂流時の対処法を探ろうとしたのである。

実験が行われたのは、１９５２年5月25日。まずはイギリス人協力者とともにモナコを出航し、モロッコのタンジールへと向かった。この地で協力者と別れ、単独での大西洋横断を試みたのだ。

ボートは「異端者号」と名づけられ、食糧や水は一切積まれなかった。**海上で調達できるものだけで生き延びることを目指した**からである。

ボンバールは毎日数口分の海水を飲んだ他、魚の体液や雨水から真水を摂取した。また、クジラがビタミン不足にならないことに注目し、餌のプランクトンを小さじ2杯分摂取した。

ボートの故障や栄養失調に苦しみながらも、ボンバールは出航から65日後にカリブ諸島バルバドスへ上陸し、実験を終えた。体重は25キロ減り、極度の貧血に見舞われ、体中から吹き出物が生じ、一時的に視力障害になっていたが、**命に別状はなかった**。その後、命がけの実験は体験談として出版され、世界中を驚愕させた。

162 モルモットの精巣を使った若返り実験の結果は？

↓改善したが思い込みだった

いつまでも若々しくありたい。19世紀末にはその悲願を、変わった材料を用いて叶えようとした生物学者がフランスにいた。その名はブラウン・セカール。彼は**動物の精巣を使用した**のである。

セカールは、老化が進む要因は精巣の機能低下にあり、精巣からは全身を活性化させる何らかの物質が分泌されていると考えた。当時72歳であったセカールは若さを取り戻すべく、**子犬やモルモットの精巣をすり潰して抽出した液を自身の腕に注射する**。実験は数回に渡って行われ、セカールによるとその効果はすぐに表れたという。

セカールは加齢に伴う疲労に悩んでいたが、注射を打つと階段を駆け上がれるほど元気になり、勢いよく排尿できるようになった。

１８８９年6月、結果はパリの生物学会で報告された。セカールは「弱くなっていた〝あちらの能力〟も著しく改善された」とも述べている。彼がモルモットなどの精巣からつくりだしたエキスは不老不死の薬として新聞で大きく取り上げられ、この療法を真似する医者も現れたという。

だが、セカールの報告に基づく薬には、医学的な効果は確認されていない。現在では、セカールが実感した〝若返り〟はプラシーボ効果、いわゆる思い込みにすぎないと考えられている。何よりも、セカール自身が実験から5年後に亡くなっており、彼が注射したエキスが「不老不死の薬」とは程遠い代物であったことは、確かである。

163

天然痘予防のために医師は8歳の少年に何をした?

↓牛の膿注射後に天然痘を注射

天然痘は、高い感染力と致死性で数千年もの間人類を苦しめてきた、悪魔の伝染病である。そんな天然痘根絶のための第一歩となったのが、**8歳の少年を使った人体実験**だった。

1778年、イギリスのエドワード・ジェンナー医師は「牛痘《ぎゅうとう》(牛の天然痘)にかかると二度と天然痘にはならない」という噂を聞き、治療に役立てられるのではと考えた。当初は家畜を実験体にしていたが、一定の成果を確認したジェンナーは、1796年に人体実験を決断する。対象としたのは、使用人の息子である。

まず、ジェンナーは牛痘のウイルスが入った膿を少年に投与した。牛の病なので、重篤化はしにくい。経過を1カ月半観察すると、次は天然痘の人間から採った膿を投与した。すると、少年は天然痘を発症しなかったのである。

軽度の天然痘ウイルスをあらかじめ感染させる予防法を「種痘《しゅとう》」といい、現代の予防接種やワクチンに通じる。種痘法は欧州全土に広まり、改良を重ねてワクチンが世界中で使われた結果、天然痘は1980年に根絶が宣言された。

その功績から、ジェンナーは近代免疫学の父と呼ばれているが、真の功労者は開発の実験台とされた少年かもしれない。

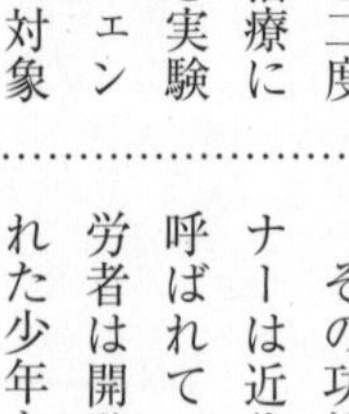

ジュンナー

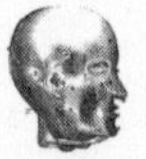

164

黄熱病が人から感染しないと考えた医学生の行動は？

↓感染者の吐瀉物を飲んだ

黄熱病は、主にアフリカと中南米の熱帯地域で見られる風土病だ。発症すると発熱、筋肉痛、吐き気などが起こり、最悪の場合死に至る。**蚊によって伝播するウイルス性の疾患**であることがわかっているが、かつては患者の衣服や寝具などからも感染すると、多くの人が信じていた。そんな常識を覆したのが、アメリカ・ペンシルベニア大学の医学生スタビンス・ファースだ。

ファースは19世紀初頭、「黄熱病は人から人へは感染しないのでは」という仮説を立てた。この仮説を立証すべく、ファースは常軌を逸した実験を行なっていく。まずは黄熱病患者の吐瀉物《としゃぶつ》を染み込ませたパンをイヌやネコに与えた。だが、これといった症状が見られなかったので、今度は自分自身を実験台にした。**自分の腕を切ってそこに患者の吐瀉物を塗ったり、吐瀉物を熱してその蒸気を吸い、ついには飲み込んだ**のである。

まさに吐き気を催す実験だが、さらに彼は患者の血液や尿、唾液などを自分の傷口に注いでその経過を観察した。それでも体調に変化は見られなかったので、彼は自説に確信を持つに至った。

ただし、この実験が医学界に影響を与えることは、ほぼなかった。この実験によって感染ルートなどが解明されたわけではなかったからだ。

なお、このような無謀な実験を行なっても彼が無事でいられたことについて、感染症の専門家は「単に運がよかったのだろう」と述べている。

165 保菌者でも無症状なら感染力は弱い？

↓大規模感染が起きた例も

感染症患者には、症状が出ない**健康保菌者**がいる。無自覚に感染を広める恐れがあり、20世紀初頭にはニューヨークで働く家政婦**メアリー・マローン**が、大規模感染を引き起こしている。

発端は1908年、メアリーの以前の勤め先で腸チフスが発生したことにある。腸チフスの菌は、食物や水が主な感染源だ。そこで、調理を担当していたメアリーから感染したのではないかとの疑いが生じた。メアリーはアイルランドからアメリカに渡って八つの職場で働いていたが、そのほとんどで腸チフスが発生し、死者もでていた。

自覚症状がなかったことから、メアリーは検査に激しく抵抗したが、警官に身柄を確保されたのちにニューヨーク市の衛生局が検査したところ、彼女の体内からチフス菌が検出された。感染拡大を防ぐべくメアリーは隔離されることになった。

隔離後、メアリーは不当な扱いを受けていると思って裁判を起こしたが、健康保菌者であるという事実は変わらず、衛生局が勝訴している。訴訟後には調理禁止を条件に解放されたが、条件を破って偽名で産婦人科病院の調理場で働き、腸チフスの大規模感染を引き起こしてしまう。

その後、メアリーは再び島に拘束されて、1938年に死ぬまで隔離された。

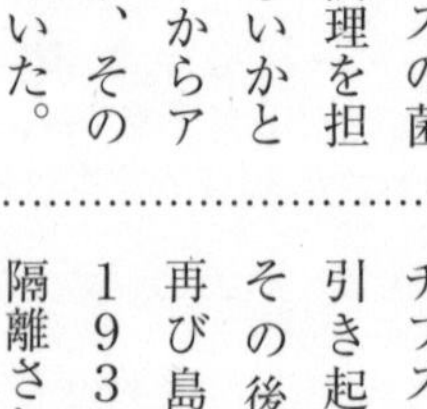

メアリーをセンセーショナルに報じる新聞記事

166 ジョン・ハンターは淋病と梅毒の関係をどう調べた？

↓自ら性器へ感染者の膿を塗付

数ある性感染症の中でも、淋病《りんびょう》と梅毒は人類に猛威を振るってきた。淋病は強い排尿痛と尿道からの排膿を引き起こし、感染率は1回の性交で30％と高い。梅毒はより毒性が強く、男性器の腫れや体表の潰瘍、失明、マヒなどを起こして、最後は死に至らしめる。

　これらの感染経路と症状を調べるために、自らを両方に感染させた医者がイギリスにいた。**ジョン・ハンター**である。ハンターは近代医学の基礎を築いた一方、実験用の死体を墓場から持ち出す奇人でもあった。淋病と梅毒を自身に感染させたのも、両者が同じ病だという仮説を立証するためである。1767年、淋病患者から採取した膿を自分の男性器に塗り、感染実験を試みた。

　実験開始から数週間後、男性器に梅毒特有のしこりが現れ、さらには淋病の症状も出現。ハンターは二つが同一のものだと確信する。**実際には梅毒と淋病は別の病気**であるが、**患者が偶然両方に感染していたため、彼にも症状が現れた**。

　梅毒は自然に治癒されないので、治療をする必要がある。ハンターが試みたのは、塩化水銀などの毒物で幾度も口をすすぐという治療法だ。口内は潰瘍だらけとなり、歯は崩れ、黒い唾液が絶えず流れたが、梅毒はある程度改善されたという。

ジョン・ハンター

167 米軍が化学兵器開発のため国民を対象に実験した？

↓秘密裏に都市部で細菌を散布

第二次大戦から冷戦下の間、米軍は生物化学兵器の開発製造に力を入れていた。1943年の段階で保有していた細菌爆弾は、およそ7000個にも及ぶ。開発は過熱していき、ついには自国民に対して感染実験を行なっていった。

実験は1966年6月6日、**マンハッタンの地下鉄**で実行された。**軍はソ連の生物化学兵器攻撃を想定し、実際に都市部で使用した場合の拡大状況を調べようとした。**そのために、本物の細菌を散布したのである。

狙われたのは、地下鉄が最も混雑する時間帯だった。民間人になりすました軍人は主要駅で細菌の入った電球を割り、通勤客に感染させていった。細菌は炭疽菌《たんそきん》に似た性質を持つものの、毒性の弱い種類だったという。のちに公開された記録によると、**5日間続いた実験によって100万人以上が感染した**ことがわかっている。この実験は、ハワイやサンフランシスコなど239カ所の都市でも行われた。

この実験が行われる前から、米軍は細菌の拡散状況を調べる実験を幾度も行なっていた。1950年代には炭疽菌に見立てた粉をサンフランシスコやニューヨークなどに散布し、1963年にも同様の疑似散布を複数都市で実施している。米ソ全面戦争に対する危機感から、軍は国民を実験台にするという恐るべき行動に走っていたのである。

168 米軍がイグノーベル賞を受賞した研究とは？

↓男性を同性愛者にする爆弾

イグノーベル賞は、人々を笑わせつつも深く考えさせられた業績に贈られる。受賞するのは科学者が大半だが、米軍が受賞したこともある。受賞の理由は、男性をゲイ化させる爆弾開発を検討していたからだった。

1990年代から、米軍は**新型の非殺傷兵器の開発**を検討し始めた。文字どおり殺人能力が極めて低い兵器のことで、ゴム弾や催涙ガスなどが有名だ。そうした非殺傷兵器計画の一つが、アメリカ空軍によるゲイ爆弾開発だった。

アメリカ空軍は、男性をゲイにする化学物質を多分に含んだ爆弾を開発しようとした。敵地で起爆することで敵兵が互いに欲情し合い、部隊が大混乱に陥ることが期待された。開発計画のための研究はライト・パターソン空軍基地で、6年もの歳月が費やされた。国には開発費として750万ドル（当時約7億5000万円）を要求している。

この奇妙な爆弾が完成することはなかった。**男性をゲイにする化学物質が見つからなかったから**だ。開発のための資金は投じられず、ゲイ爆弾は未完の珍兵器として忘れ去られるはずだった。

ところが2007年、この爆弾がにわかに脚光を浴びた。情報開示請求を受け、爆弾の開発を記述した「非殺傷型化学兵器の多角的な可能性」という文書が公表されたのだ。これによってゲイ爆弾の存在は世に知れ渡り、その年のイグノーベル平和賞を受賞したのである。

169 ドローンの軍事活用はアメリカが先行？

↓中国も集中運用に積極的

無線操縦やプログラムに従い、無人で行動する小型機械ドローン。世界各国の軍隊では、兵器として積極的に利用されている。**特に中国は、ドローン戦力を重視**している。自軍への配備だけでなく、**中小国への輸出にも積極的**だ。

かつては偵察・輸送利用が主流だったが、すでに攻撃用のドローンが実用化されている。例えば2018年にはシリアのロシア軍基地が13機のドローンに爆撃されて兵士2名が死亡している。2020年9月に起きたナゴルノ・カラバフ紛争はドローンが初めて大量投入された戦いであり、アゼルバイジャン軍の自爆ドローンによって、アルメニア軍戦車が160両以上破壊されている。

ドローン兵器の利点は、コストパフォーマンスの高さにある。一発数百から数千万円のミサイルを、1機数万円程度のドローンで破壊することも可能だ。中小国でも数をそろえやすく、**小型で熱源がないのでレーダーに探知されにくい。**紛争地域では民間機の改良型や自爆タイプが投入されている一方、撃墜システムは確立されていない。

ドローン活用に積極的な中国も技術を向上させており、南シナ海において50機のドローン制御に成功している。集中運用のノウハウが完成すれば、戦争は一変するだろう。

米軍が運用するドローン「MQ-9リーパー」

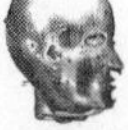

170 太陽のない閉鎖空間に長期間いるとどうなる？

↓1日24時間の感覚が崩壊

人間を長時間閉所に閉じ込めたらどうなるか？その答えを示したのが、１９８９年1月から行われた**洞窟隔離実験**だ。

実験は、イタリア人科学者の協力を得て、アメリカ航空宇宙局（ＮＡＳＡ）が主催した。人間は宇宙船に長時間閉じ込められるとどうなるのか？この問いに答えるべく、宇宙船内を模した洞窟に人間を生活させて、実験データを宇宙開発に活用しようとしたのだ。

被験者となったのは、自ら志願したイタリア人女性デザイナーだった。実験場のニューメキシコ州の洞窟には娯楽道具が用意され、食料が大量に持ち込まれた。ただし時計だけはない。太陽のない閉鎖空間で、人間が時計に頼らず１日の周期をどう決めるかを調べるためだ。

実験は、驚くべき結果を残した。被験者は睡眠時間が日に日に遅くなり、１日を長く感じるようになった。１日の感覚が42時間に延び、時間経過を判断する能力が後退。30時間起きることや、14時間眠ることすらあった。**本人には感覚がおかしくなった自覚がなく、４カ月目に実験終了が告げられても、「まだ２カ月でしょ？」と答えた。**

実験から、人間は太陽がないと体内時計が崩れることがわかった。しかも、体内時計の調子は実験後もなかなか元に戻らなかった。それでも終了時の被験者は、体重が11キロほど減った以外に目立った異常はなく、表情は明るかったという。

171

記憶を司る海馬が脳からなくなるとどうなる？

↓物事を覚えられなくなる

1953年9月、アメリカのコネチカット州にあるハートフォード病院で、てんかん治療の実験が行われた。同病院のスコヴィル博士は、てんかんは脳の海馬が暴走して引き起こされると仮定。患者の海馬を切除する実験を試みた。

今でこそ、海馬体は記憶を司る器官と知られているが、1950年代には記憶機能は脳の各所に分散していると考えられており、海馬は不要部分だと考えられていた。

手術の結果、てんかんによる発作の頻度は減少し、実験は成功したかと思われたが、間もなく患者に重い記憶障害が現れたのである。

記憶障害といっても、全ての記憶がなくなったのではない。**実験前までの思い出は残っているが、新しいことを覚えられなくなったのだ。**出会った人の名前、初めて来た場所の地名、自分がしようとしたことすら、患者は数分で忘れた。

このように、新しい記憶を蓄えられなくなる症状を**順向性健忘症**という。患者はスコヴィルに海馬を切除されたことで、人為的にこの症状に陥った。患者は記憶障害が治ることはなく、起床するたびに肉親の死を知らされ涙したという。海馬が記憶を司る器官であることは、こうした犠牲があって判明したのである。

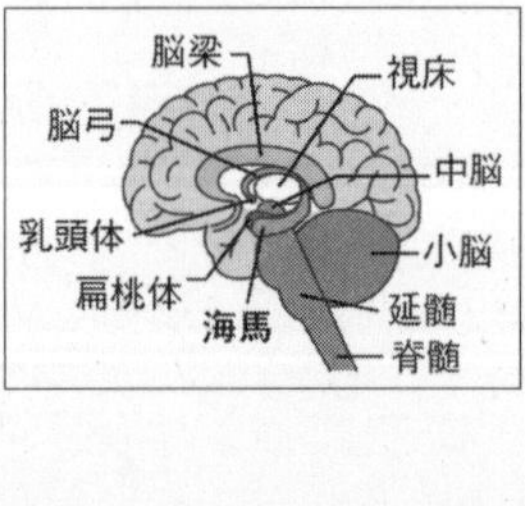

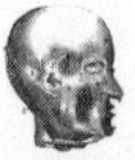

172 見た目が違うだけで味が変わると感じるのはなぜ？

↓脳が視覚情報を優先するから

人間の脳は、実際に起きたことを正しく認識するとは限らない。かき氷のシロップは、色が違うだけなのに違う味を感じる。青一色の部屋だと暖房をかけても涼しいような気がして、逆に赤や橙だとより暑く思えてしまう。このように、感じてもいない刺激を錯覚する現象を**クロスモーダル効果**と呼ぶ。

人間の最も発達した感覚は視覚だ。**各感覚器官からの情報が脳に伝達されると、視覚からの情報が最優先される**。結果として、実際とは異なる刺激を感じやすくなるのだ。

横浜国立大学の拡張現実感実験は、この現象を利用している。トロやサーモンの映像を流すＶＲ機器をつけたまま被験者にマグロ寿司を食べてもらうと、被験者は全く違う味を感じてしまったという。

フランスでも、無味の着色料で赤く染めた白ワインをテイスティングさせる実験が行われたことがある。そのときもソムリエは赤ワインと誤解したという。

こうした効果を利用して、ＶＲ技術は日夜発展を遂げている。ＶＲは視覚と聴覚を外部から遮断して没入感を高めるために、脳が錯覚を起こしやすい。登場人物が近づくと気配を感じたり、間近で囁かれると息を感じるという、リアリティーのある体験も可能だ。本物と区別がつかない仮想現実を楽しめる日も、そう遠くないかもしれない。

173 人間は視界が反転するとどうなる？

↓激しく酔うがすぐに慣れる

右目の情報は左脳、左目の情報は右脳で処理される。裏を返せば、我々の脳は常に逆転した世界を見ているということだ。このような、脳と視野の対応域が正反対であることを**対側支配**という。

この逆転現象に注目して興味深い実験を行なったのが、アメリカの心理学者G・M・ストラットンだ。1890年代、ストラットンは反転眼鏡をつけて生活する実験を行なった。反転眼鏡とは、特殊レンズで視覚を反転させた眼鏡で、簡単にいえば、世界が上下左右逆さまに見える眼鏡だ。

実験開始直後、ストラットンは体の感覚と視界が一致せず、激しい酔いに苦しんだという。

ところが数日すると、早くも体が慣れ始めた。1週間後には普通に日常生活をこなせるようになり、ついには自転車を苦も無く乗り回せるようにまでなった。視界と実際の感覚とが、いつのまにか一致したのである。

同様の実験は、その後も世界各地で行われた。そうした実験からわかったことは、**人間の認識力が意外に曖昧で、視界に異常があっても訓練次第で矯正可能で**あることだ。反転眼鏡は今でも入手できるため、反転世界を見てみたい方は、一度試してみるのもいいかもしれない。

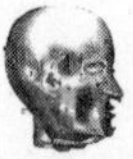

174 金縛りは霊感が強いと起きる？

↓生活の乱れが原因の一つ

夜中に目が覚めたとき、意識があるのに体を全く動かせない。何者かに押さえつけられたり、不気味な影を見たりすることもある。金縛りが起きたのだ。恐ろしい心霊現象だと思ってしまうが、そのメカニズムはすでに解明されている。

人間が眠りに入ると、脳と体が休まる「ノンレム睡眠」が訪れる。その90分後、今度は体が弛緩して脳だけが活発に働く「レム睡眠」に入る。この二つの状態を繰り返すのが睡眠の流れだが、**睡眠のバランスが崩れることで、レム睡眠時にマヒ現象が起こることがある**。このときに脳が覚醒すると、金縛りが起きるのだ。

体を動かすことができないのは、頭だけが目覚めて体が休んでいる状態だからだ。誰かに押さえつけられるように感じるのも、体の弛緩が影響している。これによって呼吸が浅くなり、息苦しさを覚えてしまう。さらに、不気味な影の正体は、脳が見ている夢である。通常よりも意識がはっきりしているので、夢をリアルに感じてしまうのだ。こうした睡眠中のマヒ現象は、医学的には「睡眠麻痺」と呼ばれている。

金縛りの原因は、強いストレスや不規則な生活、仮眠のとりすぎなどだといわれている。つまり、生活習慣の乱れが金縛りを引き起こす。頻繁に金縛りが起きるという人は、まずは生活環境を改善してみてはいかがだろうか。

175 認知症は記憶能力や運動能力が低下する？ ↓幻覚に襲われる症状も

認知症は、誰もが発症する可能性がある。記憶や運動機能が低下するアルツハイマー型が有名だが、発症初期から強い幻覚症状に襲われる、**レビー小体型認知症**という認知症もある。認知症患者の20％から30％を占める、三大認知症の一つである。

　レビー小体型認知症の発症者は、「部屋に知らない人間がいる」「机や布団にネコが寝ている」といった幻覚を見る。加えて、他人の気配を常に感じることもある。気配だけを感じる状態を「実体的意識性」といい、命を狙われているなどの妄想に取りつかれることも多いという。これらと同時に、記憶や運動機能の低下も起きる。

　この症状は、脳の神経細胞内にレビー小体という異常物質が蓄積して起きる。では、なぜ見えるはずのないモノが見えるのか？　後頭葉の機能障害が原因だという説があるが、詳しいことはわかっていない。

　また、症状が多岐にわたることから診断が難しく、特殊検査が必要になることが多い。そのため医学的な見極めが難しい。幻覚は投薬で改善することもあるので、認知症専門の医療機関などで早めに診察を受けることが、症状を最小限に抑える鍵だろう。

176 スマホを見すぎると失明する？

↓毛細血管が破裂した例も

仕事で利用したり、ＳＮＳをチェックしたりと、現代人に欠かせないスマートフォン。熱中して長時間使うこともあるが、小さな画面を見すぎると目に負担となって危険である。視力の低下はもちろんのこと、失明する可能性もあるのだ。

眼球の症状の一種に**バルサルバ網膜症**がある。網膜内の血圧が急激に上昇することで、毛細血管が破裂するというものだ。呼吸を止め、腹に力を入れて筋肉を緊張させるバルサルバ効果で稀に起きることから、この症状名がつけられた。

トイレでいきみすぎたり、激しい筋トレをするとなりやすいが、実はスマホの使いすぎも危険だ。**画面を何時間も見ると、眼球内の血圧が高まる。そんな中で姿勢が悪ければ血流を悪化させ、目の血管が破裂する**のである。

２０１９年には、一晩中スマホを使った中国の女性が、片目の視力を失った。レーザー治療で血液を排出して完治したが、治療が遅れたら障害が残った可能性がある。

もっとも、バルサルバ網膜症が発症しても、失明するとは限らない。大抵は一時的な視力低下で、安静にすれば数週間で元に戻る。予防するには、スマホに依存しないことが一番。特に、暗い場所は眼球への負担が大きいので、使用を慎んだ方がいい。

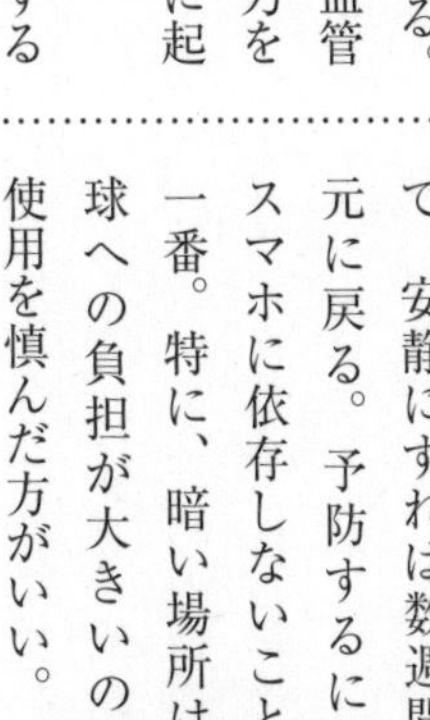
スマホ使用イメージ

177

太りやすくなるモナリザ症候群の原因は？

↓昼夜逆転生活がその一つ

あまり食べないのになぜか太る。ダイエットをしても一向に痩せない。そんな人は、**モナリザ症候群**の可能性がある。

モナリザ症候群とは、**交感神経の異常で太りやすくなる症状**だ。交感神経の活動は日中に最も活発になるので、昼夜逆転生活が続くと交感神経の働きが悪くなる。するとエネルギーの消費量が激減し、少しの食事でも肥満になりやすくなるのだ。**一説には、日本における肥満の70%が、このモナリザ症候群によるとされている。**

なお、モナリザとは「Most Obesity kNown Are Low In Sympathetic Activity」の頭音を繋ぎ合わせたもので、「肥満者の大多数は交感神経の働きが低下している」となる。そのため、レオナルド・ダ・ヴィンチの名画とは何も関係はない。

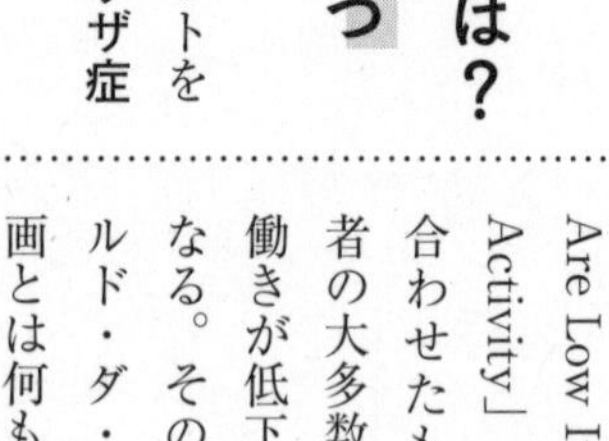
肥満イメージ

モナリザ症候群にならないためにはどうするべきか？　やはり規則正しい生活を送るのとノンストレスな環境に身を置き、自律神経のバランスを整えるのが一番だ。とはいえ、ストレス社会といわれる現代では、これが最も難しいが。

178 治療法がわからない不眠症がある？

↓睡眠薬が効かず命の危険も

現代人の5人に1人が悩まされているという不眠症。大抵は治療可能だが、二度と治らない不治の不眠症もある。それが**致死性家族性不眠症**（FFI）である。

致死性という文字が示すとおり、FFIは命をも奪う病だ。初期段階の症状は昼夜の不眠や熟眠感の不足など、普通の不眠症と変わらない。恐ろしいのは睡眠薬が効かず、眠れても体内の一部は活発に動くなど、体は眠れない状態に陥っていく点にある。

罹患者《りかんしゃ》は次第に意識が不安定になって、幻覚や幻聴に襲われる。さらには満足に歩行もできないほどに筋肉が強張り、体重が激減。そうして発症から2年後までに、脳は完全に機能を停止するのだ。

発症するのは、30代から60代までの中高年が大半である。原因は、タンパク質の一種プリオンの異常とされている。異常活発したプリオンが脳細胞を攻撃することで、睡眠を命じる機能に障害が発生し、体が覚醒状態を維持してしまうと考えられている。

2021年3月現在、発症例は世界で数十件だけで、治験データは非常に少なく、治療方法は見つかっていない。遺伝病であることは判明しているため、家族や先祖に発症者がいなければ、発症する可能性は低いと考えられる。

179 同情を買うため子どもを虐待する精神疾患とは？

↓代理ミュンヒハウゼン症候群

難病の子どもをかいがいしく世話する親。一見すると優しい親だが、もし子どもが親のせいで病気になっていたとしたら。そうした虐待を引き起こすのが「代理ミュンヒハウゼン症候群」だ。

代理ミュンヒハウゼン症候群は、**同情を集めるために家族を病気や怪我にしたてる症状だ**。子どもに薬物を使用したり、暴行を加えたりするのがその例である。子どもは重い健康障害を負い、死に至ることもある、非常に危険な精神疾患だ。注目を浴びるためにわざと怪我をする精神疾患をミュンヒハウゼン症候群というが、自分の代わりに誰かを傷つけることから、こう呼ばれる。

厚生労働省によると、**児童虐待をする親の０・５％に、この症状がみられるという**。しかし、実数はもっと多いといわれている。他人には病弱な子を看病しているようにしか見えず、子どもが助けを求めても、大人が気づきにくいからだ。

代理ミュンヒハウゼン症候群による虐待事件は、世界各地で起きている。２０１５年６月、アメリカミズーリ州で、シングルマザーが娘とその共犯者に殺害される事件が起きた。このシングルマザーは注目を集めるために、娘を投薬や病気で追い詰めていた。注目狙いの虐待事件は日本でも起きており、２０１０年には京都において、母親が入院中の娘３人の点滴に水を混ぜて死傷させている。エゴのために子どもを苦しめる親は、どこにでも存在しうるのである。

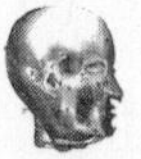

180 合成麻薬クロコダイルはなぜ世界最悪といわれる？

↓中毒者は体が腐るため

覚せい剤、コカイン、大麻など、世界には多種多様な麻薬がある。その中でも最強最悪といわれているのが、ロシアで生まれた「クロコダイル」だ。複数の化学物質を混ぜて作る合成麻薬の一種で、**1回分が数百円と圧倒的に安い**。高価な覚せい剤を買えない貧困層が愛用しているともいわれている。

使えば圧倒的な多幸感が訪れるというが、恐ろしいのは副作用である。まずは強烈な依存性や頭痛に襲われ、**使用を続けると手足の皮膚が変色して硬化し、体がワニ革のようになる**。これがクロコダイルと命名された所以である。最終的には体中の肉と皮膚が腐り落ちるという、恐ろしい末路を迎えることになる。

体が腐るのは、腐食性の高い物質を混ぜて作るためだ。合成麻薬「デソモルヒネ」を参考にした薬だったが、製造法が粗悪だったことで、ひどい副作用が生じることになった。重度の中毒者は肉が削げ落ち、骨が外部に露出するのだ。肉が落ちて頭蓋骨が晒された者もいたという。

中毒者の寿命は、長くても3年。その間、生きながらに腐り果てる恐怖と、重い依存性に苦しむことになる。最も出回っているロシアでは、すでに20万人以上の中毒者がいるという。２０２１年3月の段階では、日本に上陸したという報道はないものの、世界中で猛威をふるっており、水際対策が非常に重要である。

181

MRIを使った実験がイグノーベル賞の対象に?
↓MRIで性行為を撮影

MRI(磁気共鳴画像法)は、磁場と電波で人体の断層画像を撮影する装置だ。この医療機器を使って「**性交中の生殖器を撮る**」というとんでもないことを実行した医師らがオランダにいた。

実験が行われたのは、MRI実用化から10年以上が経った1990年代。被験者は、医師の知人カップルだ。MRI装置の中は直径50センチメートルと狭く、身動きがままならない。しかも撮影のため被験者は行為の最中に息を止めたり、1分近く体を静止したりすることを求められた。インターホン越しに「勃起の様子がよく見えます」という声まで聞こえたというが、それでも彼らは〝任務〟を遂行し、撮影は成功する。

その後、チームがテレビ番組で被験者を募集すると、8人のカップルと3人の女性が応じた。ED治療薬を服用された男性もいたが、実験は無事終了。正常位の際にペニスがブーメラン状に湾曲するなど、**性行為中の人体の仕組みが判明**した。

実験を報告した論文は世界的な医学誌『英国医師会雑誌(BMJ)』に掲載され、2000年にはイグノーベル医学賞も受賞した。専門家の間でも話題となったようで、「次の実験ではポルノ俳優を起用すべきだ」と提案した医師もいたという。

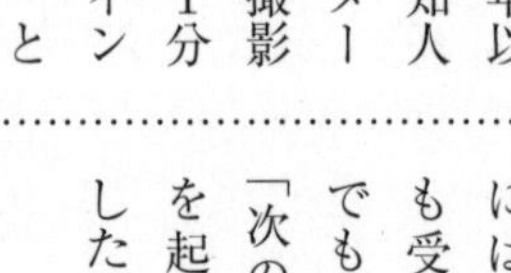

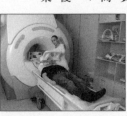

MRIイメージ

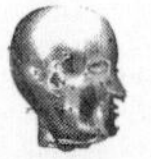

182 人体が突然発火する現象はなぜ起こる？

↓体内に原因がある可能性高い

火の手もないのに人間が燃え上がる**人体発火現象**は、今なお解明されていない超常現象だ。最初に記録されたのは、1951年7月1日に起きたメアリー・リーサー夫人の焼死事件。息子が夫人の宅を訪ねたとき、椅子の上で焼死している彼女が見つかった。死体は大部分が焼け落ち、残っていたのは右足だけだったという。同様の現象は19世紀から確認されており、インドの乳児ラフールのように**炎上を複数回経験した人物もいる**。

この現象には、「**人間は燃えても燃焼範囲は極めて狭い**」という共通点がある。リーサー夫人の事件では、数十センチ先の新聞紙にすら燃え移っていなかった。他の事件でも大規模炎上が起こることは稀で、髪や体の一部だけが燃える局地的現象も珍しくない。これらのことから、人体発火の原因は人間の体内にある可能性が非常に高い。

ではなぜ炎上するのか？　19世紀には過度の飲酒でアルコールが染み込んだせい、というユニークな仮説もあった。体の脂肪が暖炉やストーブの熱で燃焼したという説が最も科学的だが、火元のないケースでは説明がつかない。

近年注目されているのは、**特異体質説**である。被害者は体内で可燃物質を作る体質があり、それが熱気に刺激されて引火したというわけだ。実際、ラフールも毛穴から可燃性のガスと液体を出す体質だったことが判明しており、自然発火の原因を究明するカギとして注目されている。

183 妊娠中のメスマウスにオスが近づくとどうなる？

↓交尾したオスでなければ発情

医学や生物学をはじめ、さまざまな研究分野で実験に用いられるマウス。研究の世界でマウスといえば、実験用に改良したハツカネズミを指す。旺盛な繁殖力を持っており、メスは1年で6～10回出産し、そのつど5、6匹の子どもを産む。

そんな繁殖力の高いマウスでも、**ある状況下に置かれると流産する場合がある**。メスのマウスは交尾したオスとは別のオスと接触すると、妊娠の継続が不可能になって再度発情期に入るのだ。この現象は、発見者のヒルダ・ブルースの名前をとって「ブルース効果」と呼ばれている。

オスからすれば、これによって交尾相手を確実に確保することができる。メスにとっても、新たなオスはより強いか若い可能性があり、**優れた遺伝子を残すための戦術と考えられている**。

ブルース効果が起きるのは、オスが発する匂い、いわゆるフェロモンによることがわかっている。２０１７年には東京大学と麻布大学の研究チームが原因物質の一つを特定している。それが「ＥＳＰ１（Exocrine gland-Secreting Peptide1＝外分泌ペプチド１）」と呼ばれるフェロモンで、オスの涙の中に分泌される物質だ。

不思議なことに、ブルース効果は野生のネズミでは確認されていない。エチオピアに生息するオナガザル科のゲラダヒヒでは観察されているものの、この種においてどのようなメリットがあるか、はっきりしたことはわかっていない。

184 共生細菌の多くは宿主と共存するいい存在？

↓オスの性別を変える細菌も

共生細菌という言葉を、聞いたことはないだろうか？　宿主と共存する「いい存在」をイメージするかもしれないが、ＳＦ映画に出てくる怪物のような細菌もいる。それが**ボルバキア**だ。

ボルバキアはバクテリアの一種で、主にクモ、ハエ、ハチなどの昆虫に寄生する。その際、ボルバキアは宿主の生殖器に作用し、**受精卵がオスとなる場合はこれを破壊し、さらに宿主がオスであれば、メスに性転換させる**のである。

ボルバキアは、卵細胞を介して親から子へと感染して繁殖していくため、オスの精子に侵入する能力がない。そのため、繁殖に使えないオスの受精卵を壊すのだ。オスをメスへと性転換させるのも、子孫を残すためである。ただし、強制性転換は失敗が多く、宿主が奇形化することもある。

また、メスも影響を受けないわけでもない。ボルバキアはメスを単独生殖生物に改造してオスの誕生を防いだり、無感染のオスと交尾した卵を殺すなど、徹底してオスを殺すのである。

近年では、ボルバキアの不妊力を利用して、伝染病を持つ蚊の駆除実験が行われている。２０１５年にはブラジルで熱病根絶を目指して感染蚊の散布実験が実施された他、同年には中国の広州市でも感染蚊が散布され、94％の蚊を駆除することに成功したという。

繁殖のために宿主の性別を操るとは恐ろしいが、人間を性転換させる菌は見つかっていない。

185 いじめの被害者が逃げないのは本人のせい？

→学習性無力感に陥るため

いじめや虐待事件の報道があると、「なぜひどくなる前に被害者は逃げなかったのだろうか」という意見が、ネットでは散見される。被害者は何かできたのでは、というわけだが、それは科学的に考えると難しい。逃げ出せないのは学習性無力感という心理状況に陥って、**逃げる気力を失ってしまう**からである。

1967年、心理学者のマーティン・セリグマンは、イヌをグループにわけてストレス実験を行なった。対象は、ストレスフリーのグループ、回避不能な電流が流れるグループ、電流はあるが停止する仕組みを用意したグループの三つだ。

セリグマンはグループごとに一定期間過ごさせたあと、イヌを同じ部屋に入れた。部屋はブザーが鳴ると電流が流れる仕組みだったが、安全地帯を用意していたため、移動すれば苦痛から逃れられた。実際、1番目と3番目のグループから来たイヌは、すぐに安全地帯へと避難している。

だが、2番目のグループから来たイヌは、電流が流れても逃避もせず、じっと耐えた。それまで電流から逃げられない環境にいたことで、逃げても無駄だと思い込んでいたのだ。

この現象は、人間にも起こりうる。**日常的に暴言や暴力に晒されていると、ストレスから身を守るために、脳は無気力状態に陥る**。つまりは一種の防衛本能である。いじめ、虐待などの被害者が、なかなか逃亡を選ばないのもこのためである。

186 同調圧力に弱いのは日本人特有？

↓人間は本能で周囲に合わせる

「日本人は同調圧力に弱い」とよくいわれるが、実は国籍に関係なく、人間は同調圧力に弱い。**社会性の高い生物である人間は、本能的に周囲に合わせてしまう**のだ。１９５０年代に実施された同調実験が、その事実を裏づけている。

実験を行なったのは、ポーランドの心理学者ソロモン・アッシュだ。ソロモンは8人の被験者を集めると、見本となる1本目の線と、長さの違う3本の線を見せた。その3本の中から見本と同じ長さの線を選ばせるという実験だ。

最初のうちは8人全員が同じ答えをだした。ところが3回目の実験で、急に8人中7人が同じ間違った線を選んだ。すると残る1人も、彼らと同じ答えを出したのだ。

実は被験者のうち、7人はソロモンの仕込みだった。仕込みが全員同じ答えを出すと、被験者は間違っていると思っても同調するかを調べる実験だったのだ。

実験は複数回行われ、35%の被験者が解答を同調させた。ソロモンはこの結果を、被験者が同調圧力を感じた結果と推測した。

同調圧力は日常の中でもよく現れる。学校のクラス会や職場の会議で次々に賛成を表明されて、つられて肯定したことはないだろうか。独裁国家や過激派団体が一つの思想に染まっていくのも、同調圧力が働いた結果だ。それはどこの国の人間でも変わらないのである。

187 好きなことを仕事にするとやる気がなくなる？

↓報酬目当てだとやる気喪失

好きでやっていたはずなのに、仕事にしたらやる気がなくなっていた。そんな心理を解明しようとする実験が、1970年代初頭に行われた。ロチェスター大学の心理学者エドワード・デシは、外的報酬とやる気の維持の関係を調べるために、以下の実験を行なった。まず二つのグループに分けた学生たちに、パズルの課題を解いてもらう。次に片方のグループにだけ、もう片方のグループには内緒で課題達成のたびに金銭を支払った。最後の課題が終わると、「部屋から出なければ何をしても自由だ」と告げて、別室から部屋の様子を観察する、というものである。

　すると、報酬なしのグループは変わらずパズルに打ち込んだ一方、報酬ありだったグループはあまりやらなくなったのだ。デシはこの原因を、外的な報酬が自発的な意欲を阻害したからだと考えた。**「楽しいからやる」が「報酬が貰えるからやる」に変わったせいで、やる気をなくした**というわけだ。内発的なやる気が外的要因で低下する現象は**アンダーマイニング現象**と呼ばれている。

　もちろん、報酬をなくせばこの現象に陥らない、と考えるのは誤りだ。成果に対する報酬は、やる気を上げる効果がある。大事なことは、「報酬を通じて自分の行動が他者に統制されている」と自覚することだ。人にいわれたから行動するのではなく、自分の意思で行動していると意識できれば、人はやる気を持続することができる。

188 野次馬が助けを呼ばないのは薄情だから？

↓人が多いと責任を抱きにくい

事件や火事の現場に野次馬はいるのに、誰も助けを呼ばない。そんなことは往々にしてある。1964年3月13日にニューヨークで起きた女性の強姦殺人事件でも、目撃者たちは誰も助けを呼ばなかった。なんて薄情なんだと思うかもしれないが、人類共通のある心理現象のせいで、こうした出来事は起きてしまう。

同年に、ニューヨーク大学とコロンビア大学の教授は、共同で心理実験を行なった。まずは学生たちをいくつかのグループに分けて、順番で部屋に入ってもらう。室内にはマイクがあり、これを介して外部と連絡をとってもらった。その最中に、相手が苦しんでいるテープ音声を流すと、学生たちはどう動くかを調べた。

少人数だった場合は、7割超の被験者が声掛けなどの行動を起こした。**しかし大人数だと、行動した被験者は1割にも満たなかった**。別の年には、3人が入った部屋に白煙が入ってきたとき、うち2人が気づかないふりをした。そのときも、9割を超える被験者が逃亡も報告もしなかった。

人間には、大勢でいると責任を少なく感じる性質がある。さらに先に**動いて悪目立ちしたくない気持ち**や、**他の人間が行動しない安心感**も影響して、緊急現場でも傍観者になってしまうのだ。この心理現象を**傍観者効果**という。

傍観者効果から逃れるのは難しいが、時には「空気の読めない奴」になる覚悟も必要だ。

189

いけないとわかっていてもタブーを犯す理由は？

↓制限されて無意識に反発

「してはいけない」と言われれば言われるほど、興味を持つのが人の常。**カリギュラ効果**という、タブーを犯したがる現象として知られている。

この現象は1980年にアメリカで注目された。ローマの暴君カリギュラを題材にした映画が公開されると、過激な性的描写から、一部地域の学校では視聴が禁止された。ところが、生徒たちは学校の要請を守らず、他の町に遠出してまで見るケースが続出。このような実例から、カリギュラ効果と呼ばれるようになった。なお、心理学的な呼び名は「心理的リアクタンス」である。

人間には、**抑圧を嫌う本能**がある。自由を制限されると強いストレスを受け、無意識に反発する力が生まれてしまう。すると、間違いだとわかっていても、禁止されたことをしたい、禁止区域に行きたい、という欲求が高まるのだ。反対されるほど恋愛感情が燃え上がるのも、この効果が働くからだといわれる。

こうした心理現象は、童話でもよく見られる。鶴の恩返しや浦島太郎など、禁じられた行為に手を出し何かを失う展開は、昔話の定番だ。海外でもパンドラの箱や青髭のように、タブーを犯す話は多い。現代人が神話や昔話に共感できるのは、この心理現象の影響というわけだ。

映画カリギュラのポスター

190

大勢で課題に取り組めば効率的にこなせる？

↓人が多いと怠けやすい

大勢で作業をする際、こんな気持ちになったことはないだろうか。自分が少々手を抜いても、他の誰かが何とかしてくれるはず——。

そんな心理を実験によってあぶり出したのが、フランスの農学者マクシミリアン・リンゲルマンだ。1883年、リンゲルマンは被験者に綱引きを行わせ、参加人数によってひとりが出す力がどう変化するかを測定した。その結果、1人で綱を引いた場合の出力が100とすると、2人で〝協力〟して引っ張ったときは、平均93パーセントとひとりあたりの力がダウン。さらに3人の場合は平均85パーセント、4人では77パーセントと下がり続け、8人になると平均49パーセントと半分以下にまで減少したのである。同じ作業に携わるメンバーが増えれば増えるほど〝怠け心〟が生じ、ひとり当たりが発揮する力が低下した。この現象は発見者の名前から**リンゲルマン効果**、**社会的手抜き**などと呼ばれており、企業の生産性の向上を阻害する要因の一つとされている。

リンゲルマン効果は「個人別の貢献度が見えにくい」状況などで起こりやすいといわれる。そのため対策としては「**個人の評価を可視化する**」「**各自の責任と役割を明確にする**」などの仕組みを作ることが肝要とされている。

6章 法律・制度編

191 罰金や過料を払わないとどうなる？

↓財産の差し押さえか強制労働

刑事事件で加害者になった場合に科せられる罰金や過料は、基本的には一括で、また決められた期日までに検察庁が指定する金融機関などに納付しなければならない。だが、もしこのお金を払わなかったらどうなるのだろう？

まず、任意に納めないでいると、財産が差し押さえられる。強制執行すべき財産がない者であっても、**労役場留置**が待っている。労役場と呼ばれる施設に未納者を収容し、強制的に労働させる処分だ。つまり「**お金がないならそのぶん働いてもらう**」という措置で、裁判で罰金額が確定して30日以内に払わなかった者に対して執行される。

労役場は、全国の刑務所内に併設されている。そこで未納者は懲役受刑者同様、厳格に定められた規則の中で生活をすることになる。収容される日数は裁判で決定されるが、実務上1日の留置に対して罰金5000円相当と換算されることが多い。10万円の罰金であれば、労役場に留置される日数は20日という計算になる。ただ刑法18条によって留置日数の上限は決められており、最長は2年（科料では30日）。

なお〝強制労働〟の内容は封筒の糊《のり》づけなどの軽作業であるという。法務省によると2018年度の労役場留置の執行件数は3952件で、これは**罰金処分全体の約1・8パーセント程度**に当たる数字だ。

192 こじきをすると逮捕される可能性がある？

↓軽犯罪法の対象とされている

実は日本において、こじきは違法行為だ。軽犯罪法1条22号ではこじきをした者、させた者に対して、1日以上30日未満の拘留や1000円以上1万円未満の科料を科すとしているのだ。

なぜこじきが罪となるのか？　それは、**働かず安易にお金を得ようとする風潮を防ぐためだ**。検挙例もあり、2015年には動画配信サイトを利用して「お年玉をください」などと訴えた男が書類送検されている。また同法1条4号では「働く能力がありながら職業に就く意思がなく、かつ一定の住居を持たずうろついた者」に対しても同様の罰則が定められ、2007年にこの罪状で男性が逮捕されている。ただ、その後車内から求人情報誌が出てきたため、男性は無罪になった。

軽犯罪法1条では他にも、**身近にありそうな出来事を禁止**している。「人が住んでいない建物や船舶にひそんだ者（1号）」「ラジオなどの音を異常に大きくして近隣に迷惑をかけた者（14号）」「虚偽の犯罪や災害を公務員に申し出た者（16号）」「他人の進路に立ちふさがって退かない者（28号）」などは処罰の対象だ。さらには、公衆の場で痰や唾を吐いたり、立ち小便をしたりする行為（26号）、電車などの列に乱暴に割り込む行為（13号）なども禁止で、河川敷などでのゴルフ練習も「他人の身体に害を及ぼすおそれのある場所で物を投げ、発射した者（11号）」に当たる。有罪判決も出ているので、注意が必要だ。

193 罪を犯せば国会議員でも被選挙権を奪われる？

↓執行猶予中は失わない場合も

被選挙権は、満25歳以上（参議院は満30歳以上）の国民なら誰でも有している。だが、公職選挙法第11条によって、罪を犯した議員は被選挙権を奪われ、強制辞職させられる。

国の運営に関わる職だから、法を犯した者には当然厳しい。そう思えるかもしれないが、実は抜け道もある。第11条の3項において、執行猶予中の者は被選挙権を失わないと記されている。もしも議員が犯罪をしても、執行猶予判決がでれば法的には辞める必要はなく、選挙への出馬も認められているのだ。

また、国会議員ならば条件つきで逮捕を延期させられる。国会の会期中ならば「不逮捕特権」の行使により、閉会まで逮捕されずに済むのだ。仮に逮捕されていても、議会の要請で一時釈放されることもある。

ただし、議員を続行できるのは通常の犯罪の場合で、公職選挙法違反や政治資金関連の罪では、執行猶予を受けても被選挙権は約5年間もはく奪される。

それに法律上はよくても、議会や有権者に許されるかは別の問題だ。真摯に反省しなければ議会での追及に晒され、選挙での当選も難しくなるだろう。議員を長く続けるには真面目に政務をこなすのが一番だが、国会議員による事件はなかなかなくならない。

194 売春をした女性が拘束される施設がある？

↓婦人補導院という施設がある

東京都昭島市には、**婦人補導院**という法務省管轄の施設が存在する。売春防止法第5条に違反した満20歳以上の女性だけが収容される矯正《きょうせい》施設だ。同法5条では「勧誘等」の罪が規定されている。公衆の場で売春相手を募ったり、客待ちをしたりする行為だ。これにより執行猶予の判決を受け、かつ補導処分に付された女性が収容される。

収容期間は6カ月。施設では、女性に性感染症などの疾患があれば治療を行ない、炊事や裁縫などの作業を通じて生活技術の習得を促して、**退院後に自立した生活ができるよう指導する**。

法務省は婦人補導院を「規律ある明るい環境」と説明しているが、**面会の制限や禁止、保護具の使用**など、環境は明るいとはいえない。1人用の居室には頑丈な鍵がかけられ、広さは3畳。トイレは仕切り板があるだけで、窓には鉄格子がはめられている。「刑務所のようだ」との指摘もある。

婦人補導院は、1958年に東京・大阪・福岡に設置された。収容者数は、最も多かった1960年には408名に達したが、その後は減り続けて1982年以降は1桁台で推移。1985年には大阪・福岡の施設が廃止され、2010～2019年の10年間の収容者数は計4名であった。検挙された女性の多くが貧困問題などを抱えており、刑事処分よりも支援が必要だと判断されるようになった。「時代にそぐわない」と施設の廃止を訴える声も上がっている。

195 軍服のコスプレをすることはできる？

↓実刑になる可能性あり

コスプレイヤーはアニメ・ゲームキャラだけでなく、軍人の恰好をすることもある。しかし現実に存在する軍服を着るのは慎重にした方がいい。時と場所をによってはトラブルになりかねず、日本国内で自衛隊と米軍のコスプレをすると実刑の可能性もあるからだ。

日本と在日米軍の間では、「日米地位協定の実施に伴う刑事特別法」という特別刑法が結ばれている。内容は在日米軍基地への悪質行為を裁くものだ。その第9条に「制服を不当に着用する罪」がある。簡単にまとめると、**米軍人以外が米軍の軍服を着ると処罰される**というもので、これを破ると拘留か科料（罰金）となる。架空の軍隊の軍服でも、**米軍に似ているとアウト**だ。

自衛隊の制服を着るのも危険だ。**無資格の一般人が公務員の制服や勲章の着用または偽造することを罰する**、軽犯罪法の第1条第15項の適用内であるからだ。もしもこれに違反すると、やはり在日米軍の法律と同じく拘留または罰金となる。

すでに存在しない軍隊のコスプレは罰せられないので、旧日本軍やナチスの恰好をしても法的な問題はない。しかしそれらの軍服に嫌悪を抱く人々が多いため、節度は守るべきだろう。

アフガニスタンで作戦行動中の米兵（2011年）

196 一般人は南極へ行くことができない？

↓環境省の許可で上陸可能

世界最南端にある南極大陸は、大地のほとんどが氷雪に覆れ、ペンギンなどの固有生物が多々棲んでいる、まさに神秘の大陸だ。テレビでその美しい景色を見て、一度でいいから行ってみたいと思った人もいるだろう。しかし一般人の上陸は、時として違法になる。

１９６１年の南極条約発効で、南極では領有権と軍事利用が禁じられた。１９９１年には南極の環境と生態系が国際的に保護されることになったことを受け、日本では１９９７年、**南極環境保護法**が制定された。主に南極資源や動物の採取・干渉と外来種の持ち込みが禁止され、南極上陸には環境省への届け出が必要だと決められた。

もしも無許可で南極に行くと、第31条に基づき50万円以下の罰金を科される。鉱物資源の採取や動植物の密猟、南極に属さない生物の持ち込みをすると、第29条に基づき１００万円以下の罰金または1年以下の懲役を科せられる可能性がある。

一般人が南極に行くなら、旅行会社のツアーに参加するのがいい。ただ、**費用は最低でも１００万円以上**とかなり高額だ。神秘の大地は、やはりそう簡単には行けそうにないようだ。

197 未成年の死刑は禁じられている？

↓ 18歳以上は死刑の対象

少年法の改正なしでも未成年を死刑にできる。

そういわれても、簡単には信じられないだろう。未成年による犯罪には少年法が適用されるので、大人と同じ基準では裁かれない。重罰化も議論されているが、**死刑は少年法を改正しても実現はできない**。日本が締結している「子どもの権利条約」という国際法の第37条において、18歳未満への死刑は禁じられているからだ。未成年への死刑は国際問題にもなりかねず、現実的ではない。

ただし、国際法が禁じているのは「18歳未満の死刑」だ。**犯人が18歳や19歳なら、死刑は可能なのである**。実際、この年齢層が死刑判決を受けたケースは少なくない。

１９９９年4月14日の山口県光市にて、主婦と生後11カ月の長女が殺害された「光市母子殺害事件」。犯人の18歳の少年には、２０１２年に死刑判決が下されている。１９９２年に千葉県市川市にて一家4人を強盗殺人した19歳の少年に対しても死刑が言い渡された。２０１０年2月10日に宮城県石巻市で元交際相手の少女の親族と知人３人を殺傷した18歳の少年には、裁判員裁判で初めて死刑判決が下されている。

民法上で成年年齢が18歳まで引き下げられるのに従い、法務省内でも少年法改正の審議が進んでいる。今後の議論次第では、未成年の死刑を取り巻く環境も変化するかもしれない。

198 特殊詐欺を行うのはどんな人？

↓受け子は一般の若者など

電話で警官や家族に成りすまして金を奪う特殊詐欺。詐欺電話をかける役目が「かけ子」で、被害者から金を受け取る役割が「受け子」だ。このうちかけ子は、詐欺グループのメンバーが受け持つのが普通だ。手口の巧妙化により、高い演技力が必要となるからだ。逆に**受け子にされやすいのは、一般募集した若者**である。

若者といっても、大半は不良ではなくごく普通の学生やフリーターだ。失業者や生活困窮者なども多いという。そんな一般人をどうやって集め、詐欺の片棒を担がせるのか。

当然、「特殊詐欺の受け子募集」といった広告は出さない。そんなことをすれば、やってくるのは警官だ。「うまいバイトがある」と口コミで広めたり、詐欺を隠してアングラサイトで広告を打つのが受け子集めの手口である。近年では、ＳＮＳが利用されるケースが急速に増えている。

集まった希望者には面接や研修が行われる。一般企業の雰囲気と大差はなく、逮捕されるまで詐欺だと気づかない者もいるようだ。仮に気づいても抜け出すのは難しい。**グループには自分の住所氏名、家族の仕事や構成までつかまれているので、結局は逃げられないので**ある。

特殊詐欺に狙われる高齢者イメージ

199 一般人が酒を作って販売するとどうなる？

↓逮捕される可能性がある

周知のとおり、武器や薬物などの危険物を製造販売するのは違法である。同じように、お酒も一般人が作ると犯罪になる可能性がある。

酒税法によると、アルコール分が1度以上の飲料がお酒として扱われ、製造販売するには国の免許が必要となる。もし免許なしでお酒を作ると、**100万円以下の罰金か10年以下の懲役**が科せられる。無免許で販売するだけでも、1年以下の懲役または50万円以下の罰金となる。それなら免許をとればいいと思うかもしれないが、年間酒造量などの条件をクリアする必要があるので、一般人の取得は極めて難しい。

ただし、全ての製造販売が禁じられているわけではない。例えば梅酒。酒類に梅を漬け込む行為は法的に酒造と見なされるが、ベースの酒がアルコール分20度以上かつ、米麦やこうじ、ぶどう、アミノ酸類や酒かすなどを使わず、**個人で消費するだけなら問題とはされにくい**。

また、継続販売でなければ罪にならないことがある。余った既製品の酒をフリマアプリで売るなど、その場限りの販売なら許されやすいが、常習犯と判断されれば酒税法違反になる可能性もある。業者が地方の名酒を高額転売するのも、黒に近いグレーな行為だといえるだろう。

ネットで簡単に果実酒のレシピを入手できるが、作っても個人で楽しむだけにしよう。お金をとろうとすると、犯罪者になりかねない。

200 タクシーが乗客を乗せてはいけない場合とは？

↓営業区域外で乗せる場合など

タクシーを捕まえようと手を挙げたのに素通りされたり、行き先を告げたら断られた。そんな経験はないだろうか。「乗車拒否をされた」と腹が立つかもしれないが、運転手の気分ではなく、営業区域が関係しているかもしれない。

タクシー業界では、事業所ごとに営業可能なエリアが決められている。東京都では東京23区・武蔵野市・三鷹市の「東京特別区・武三交通圏」、府中市、立川市、国立市などの「北多摩交通圏」といったような、五つの営業区域だ。

道路運送法20条には「乗車地または到着地のどちらかが営業区域内でなければ運送してはならない」という規則があり、違反した場合は100万円以下の罰金が科せられる。つまり、**区域外で乗せた客を区域外で降ろすことはできない**のだ。

乗務員が乗車拒否をできるのは、高速道路の料金の支払いを強要されたときや、車両の給油や入庫などのために回送板を表示しているときなどだ。付添人のいない重病者や泥酔者、不潔な服装で車内を汚す恐れがある客の乗車も断ることができるし、新型コロナの影響でマスクの未着者も拒否できるようになった。ただタクシー事業者は運送引受義務を負っているので、正当な理由がない限り乗車拒否はできない。

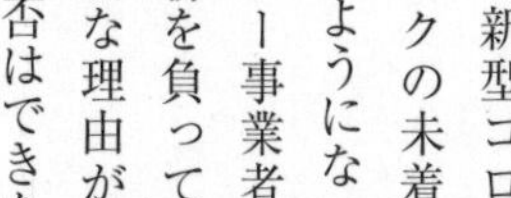

タクシーは営業できるエリアが決められている

201 誘導員のミスで事故が起きたら誰の責任？

↓事故を起こした運転手

道路工事の現場や大手ショッピングセンターの駐車場で、自動車の誘導員はつき物だ。しかし誘導員が未熟だと、誘導ミスで設備を破損することもあるだろう。そんなときは誰が責任を負うのか。誘導員が悪い、と思うかもしれないが、法的には車の運転手が大部分の責任を負うのである。

誘導員の失敗なのに、なぜ従っただけの運転手が悪いのか。それは**誘導員の法的な立場**が関係している。警察官の場合は公務員なので、誘導には絶対従わないといけない。もし警察官の誘導を無視すれば、道路交通法に基づき違反点の加算と罰金が科せられてしまう。これに対して誘導員を含めた各種警備員は、法的には民間人で、**車両誘導に法的な強制力は認められていない**のである。

警備員の業務規程を定めた警備業法の第15条でも、「この法律により特別に権限を与えられているものでない」としている。したがって、誘導ミスによる事故が起きたら運転手の責任も問われることになる。身も蓋もない言い方をすれば、「民間人のお願いを鵜呑みにして、安全確認を怠った方も悪い」ということになるのだ。

仮に誘導員の責任が認められても、運転手の責より大きくはならない。もしも誘導に違和感を覚えたり、標識や信号の指示と違っていたときは、運転手も安全確認をした方がいい。間違った「要請」を鵜呑みにしたまま事故を起こせば、加害者にされかねないのだから。

202 戦国大名の鷹を死なせた少年の末路とは？

↓牛に両足を引っ張られ死亡

数ある処刑方法の中でも、屈指の残酷さで知られる**牛裂きの刑**。主に戦国時代に行われていた刑罰で、その方法は罪人の両足、もしくは両手足を縄で牛と繋いだあと、牛をそれぞれ別の方向に走らせて強引に体を引き裂く。1572年、この牛裂きの刑を阿波国（香川県）の大名・三好長治《みよしながはる》が執行したことが、記録に残っている。

長治が鷹狩りを催していたときのこと。獲物の鴨を捕えた長治の鷹が、勇利権之助という武士の屋敷に迷い込んだ。そのとき門前に居合わせた若松という少年が鷹に驚いて棒を振り回したところ、鷹と鴨を打ち殺してしまった。

これに激怒した長治は、少年に牛裂きの刑を宣告する。刑場に連行された若松は、片足ずつ牛に繋げられた。処刑人が松明を近づけると、驚いて駆け出す2頭の牛。若松の足も引っ張られ、**少年の身体は股から真っ二つに切断された**。刑場にはおびただしい量の血と内臓が飛び散ったという。

牛裂きを行った大名は、長治だけではない。美濃国（岐阜県）の斎藤道三《さいとうどうさん》や会津（福島県）の蒲《が》生秀行《もうひでゆき》なども、容赦なく牛裂きの刑を命じたと伝わる。罪の大小ではなく為政者の気分次第で執行されるという、恐ろしい刑罰だったのである。

牛裂きの図

203 江戸時代の遊廓で遊女はどんな私刑を受けた？

↓体に傷つかないが苦痛は大

男性の欲望を叶える場所であった遊郭。色街・花街とも呼ばれるなど、華やかなイメージがあるが、その中で性的サービスに従事する女性、いわゆる遊女にとっては過酷な世界であった。

江戸時代には、**脱走などを企てた遊女は私刑が待ち受けており、いぶし責めやくすぐり責めなどの折檻《せっかん》が加えられた**。前者は遊女を縛り上げ、唐辛子などを燃やした煙を遊女に浴びせるというもの。刺激臭に満ちた煙が目や鼻、口に容赦なく入り込む。後者は遊女を裸にして拘束し、わきや足の裏などを鳥の羽根や毛筆でくすぐり続ける拷問だ。はた目には滑稽だが、長時間続けられると遊女は呼吸困難に陥る。気絶しても水をかけられて叩き起こされ、延々と私刑を受けたという。

これらの拷問は、苦痛を伴いながらも、体には傷が残らない。**遊女としての〝商品価値〟を下げないために考案された罰**であった。

また、遊郭では遊興費を払わなかった男性にも仕置きが行われた。それが桶伏《おけぶ》せで、客に大きな桶を被せて往来に放置し晒し者にする刑だ。桶には小窓が開いており通行人からは丸見えの状態、しかも重石が載せられているので逃げることはできない。大小便も垂れ流しにするほかなく、相当な屈辱を味わう罰だったと思われる。

遊女を描いた浮世絵

204 指名手配の考案者を襲った悲劇とは？

↓自身が指名手配犯第一号に

交番や街角に張り出される指名手配のポスター。このシステムを作り出したのは、「近代司法の父」と呼ばれる**江藤新平《えとうしんぺい》**だ。

佐賀藩出身の江藤は、幕末期に起こった尊王運動に身を投じ、旧幕府軍との戦いで活躍。明治維新の立役者のひとりとなる。明治新政府においては初代司法卿、現在でいう法務大臣に就任し、裁判所や警察組織の創設など司法制度の整備に尽力した。指名手配制度の確立もその一環であった。

改革に向け辣腕《らつわん》を振るう江藤であったが、１８７３年に風向きが変わった。政府内での論争に敗北した江藤は佐賀へと帰郷したが、彼を待っていたのは、新政府に不満を募らせていた士族たちだった。特権を奪う新政府に強く反発した士族たちは、１８７４年、ついに中央政府へ反旗を翻した。いわゆる佐賀の乱である。江藤は乗り気ではなかったが、リーダーとしてまつりあげられ、反乱を主導することになった。

だが、軍事力に勝る新政府に士族らはなすすべもなく1カ月程度で鎮圧され、高知へ逃亡した江藤も捕縛された。このとき、**逮捕のきっかけとなったのが**、**江藤の手配写真**であった。手配書には「年齢41歳、背が高く太い、顔面は頬骨が高く、眼が大きくて長く、左頬にほくろがあり、その他は普通」と江藤の特徴が記されていた。皮肉にも、自身が発案したシステムによって追い詰められてしまったのである。

205 死刑後に蘇生すると刑の執行はやりなおし？

↓明治時代には再執行はなし

日本における極罰は、死刑だ。執行方法は刑法第11条により絞首と定められている。だがもし、処刑に失敗して死刑囚が生き返ったら――。実はそんな例が過去には起こっていた。

1872年のこと、現在の愛媛県で一揆が発生し、首謀者のひとりとして田中藤作なる農民が逮捕された。放火の罪も犯したために死刑が宣告され、11月28日に絞首刑に処された。その3日後に遺族が亡骸を引き取り、これを運んだが、その道中で藤作が息を吹き返したのである。

死刑に処された人間が蘇生した例は皆無であったため、現地の役人は困惑し、中央政府に指示を仰いだ。これには政府も悩んだのか、回答があったのは翌年の9月。**「刑罰としての死刑は執行済みのため、再び絞首刑に処する必要はない」**という内容であった。今なら大騒動となるところだが、その後の彼の動向ははっきりしない。

当時の絞首刑では、絞柱という処刑器具が用いられていた。これは死刑囚を柱に固定し首に縄をかけ、その縄の先に錘《おもり》を吊り下げて窒息死させるというもの。この方法ではすぐに死ぬことができず、その間死刑囚は多大な苦痛を被る。藤作のように処刑に失敗するケースもあったため、絞柱は2年ほどで廃止された。

ちなみに現在の規定では刑の執行後、死亡が確認されてから5分経過しないと首の縄は解かれないので、蘇生の可能性はゼロである。

206 明治時代の取り調べは法に基づき実施された？

↓棒縛り・鉄砲などで自白強要

明治時代には近代的な制度が次々と導入されたが、警察の取調べの現場では、被疑者から自供を得るために旧態依然とした拷問が行われていた。

その一つが棒縛りだ。棒を縦にして背中にあてがい、片方の手を上から、もう片方の手を下から背中に回させて棒に縛りつけて放置する。アンバランスな姿勢で身動きが取れないので、次第に筋肉が強張り、その痛みに煩悶する。

この棒縛りよりも短時間で強い苦痛を味わわせるのが、鉄砲と呼ばれる仕置きだ。ピストルで被疑者を脅すわけではなく、棒縛りと同じ要領で両手を背中に回させたあと、両方の親指を重ねた状態で縛り、そこに木の碗を被せておく。棒縛りよりも上半身の動きが制約されるため、被疑者は１時間も経たないうちに悶絶するという。鉄砲を担いでいるように見えることからつけられた。

前近代的にも思える鉄砲だが、実は昭和の時代に入っても行われていた。１９５１年、山口県熊《くま》毛《げ》郡《ぐん》麻《お》郷《ごう》村《そん》（現田布施町）八《や》海《かい》で強盗殺人事件が発生。逮捕されたのは１人だったが、複数犯だと決めてかかった警察は他の人間の関与を認めるよう被疑者を鉄砲で拘束して暴行。供述を迫ると被疑者は無関係の人物の名を挙げてしまう。共犯にされた人々は裁判で無罪を勝ち取るが、それは事件から17年後のことであった。１９５６年にはこの八海事件をモデルにした映画『真昼の暗黒』（今井正監督）が公開され、大きな関心を集めた。

207 若い女性の半裸ダンスがエスティワニの恒例行事？

↓国王の妻探しが目的の一つ

エスワティニ王国はアフリカ南部にあり、人口約113万人、面積約1・7万平方キロメートルと四国より少し小さい。2018年4月まではスワジランド王国と呼ばれていた。絶対君主制の国家で、一夫多妻制が認められている。国王は**ムスワティ3世**という。

この国王が下す法令には、耳を疑うものが少なくない。2000年には風紀の乱れを防ぐためと称して**ミニスカート禁止令**を発令している。

また、成人のエイズウイルス感染率約30%という世界最悪の水準を改善すべく2001年に国王が発したのは、「今後5年、10代の少女のセックスを禁止する」という法令だった。ただしこの法令は、どうしようもない理由から数カ月で撤回される。**法令を発した直後に王自身が10代の少女を新たな妻に加えていたのだ**。王は罰金として、牛1頭を支払ったという。

自国民の風紀は取り締まるムスワティ3世だが、自身は国家予算で高級車を何台も購入するなど贅沢三昧に暮らしている。毎年若い処女が乳房を露わに伝統衣装で踊りを披露する「リード・ダンス」と呼ばれる儀式も堪能するなど、やりたい放題の生活である。

生活苦に喘ぐ人々からは民主化を求める声が広がっている。

ムスワティ3世

208 トルクメニスタンでは独裁者が悪法を連発した?

↓口パク禁止や化粧禁止など

中央アジア南西部のトルクメニスタンは、人口およそ６００万人、ソ連の構成国だったが、その崩壊に伴い１９９１年に独立した。初代大統領に就任したのは、**サパルムラト・ニヤゾフ**。**珍妙な政策で自国民を厳しく制限した独裁者**である。

２００５年、ニヤゾフは口パクの禁止令を発令した。「歌や音楽文化の発展を阻害する」というのが理由で、テレビ番組やコンサートといった公の場のみならず、結婚式などの私的なイベントでも禁止するという念の入れようだ。

また、「自国の文化に相応しくない」との理由でサーカスやオペラ、バレエの公演も禁止し、さらには「見苦しい」という個人的見解で男性の長髪とヒゲを禁止。「男女の見分けがつきにくいから」という意味不明な理由で、ニュースを読むアナウンサーの化粧まで禁止している。

またニアゾフは、**個人崇拝を徹底的に推進**したため、首都アシガバートには１万４０００体もの大統領の銅像が設置され、国中にニヤゾフの写真入り商品が溢れ返った。テレビ番組でも画面の一部には常にニヤゾフの顔が映っていたという。

ニヤゾフは２００６年に66歳で死去したが、彼の死後もトルクメニスタンでは独裁体制が維持されている。ニヤゾフがインターネットの使用を禁じて言論統制を行なっていたこともあり、「報道の自由度ランキング」では常に最下位クラスだ。

209 ウガンダの大統領はなぜ黒いヒトラーと呼ばれた？

↓国民を大虐殺したため

アフリカ大陸のウガンダにはかつて、ヒトラーに比されるほどの独裁者がいた。その名はイディ・アミン。**数多の国民を虐殺し、「人食い大統領」「黒いヒトラー」と呼ばれた独裁者**である。

若き日のアミンは、英国植民地軍の兵士だった。恵まれた体格を武器に、ボクシングのチャンピオンになったこともある。1962年にウガンダ独立後は国軍副指令官として戦い、国民的英雄となった。

その怖ろしい本性を見せ始めたのは、1971年に軍事クーデターで政権を奪取してからである。アミンは捕縛した将校や政治家は残らず処刑し、少数部族を弾圧し、経済を支えた外国人労働者まで追放した。アミンの意思一つで大臣がポストを外されることも珍しくなかった。会見で解任の理由を質問されると「食って腹の中にしまったよ」と言ったこともある。国民の虐殺も頻繁で、殺害された国民は30万人にもなるといわれる。

こうした暴政から、国内では反乱が絶えなかった。周辺諸国や欧米諸国が支援を打ち切って経済も悪化した。1978年にタンザニア侵略を失敗すると国内の反乱は激化して、翌年にはサウジアラビアへと亡命。二度とウガンダに帰還することなく、2003年に亡命先で多臓器不全により死亡している。

イディ・アミン

210 アパルトヘイトのときでも黒人自治区があった？

→実態は黒人収容所

1990年代初頭まで南アフリカで進められていた黒人隔離政策アパルトヘイト。その苛烈さを、**バントゥースタン**という政策が示している。

バントゥースタンは「黒人の国」という意味で、黒人を一部の地域へと強制的に移住させる隔離策だ。白人・黒人居住区の線引きを目的として1959年から始まった。当初は主要部族のみだったが、1970年からバントゥー・ホームランド市民権法に基づき、全黒人が10の地域に強制移住させられた。

各地域には自治政府が置かれたが、その実態は過酷だった。**豊かな土地は白人が独占しているので、黒人に与えられたのは荒れ地や資源のない土地だった。**開発や発展は望めないため、密かに都市部へ戻る黒人が続出した。1976年には自治区として独立が許されたが、独立した四つの地域は政府の補助金に依存していた。

そもそも政府が独立を許したのは、黒人を外国人として扱いアパルトヘイトへの批判を回避するためだった。「バントゥースタン政府の閣僚は黒人だったが、全員に白人の助手がいた」という逸話があるように、政府が真の独立を許す気はなかった。

隔離政策は1990年のアパルトヘイト廃止にともない撤廃され、全てのバントゥースタンは解体された。だが、当時作られた黒人スラムは現在も治安上の問題となっている。

211 凶悪犯を収容する警備体制 最高レベルの刑務所とは？

↓ＡＤＸフローレンス刑務所

かつて警備の厳しさから脱獄不可能といわれたアメリカのアルカトラズ連邦刑務所。この刑務所はすでに閉鎖されたが、コロラド州には**ロッキー山脈のアルカトラズ**との異名を持つ刑務所がある。それがＡＤＸフローレンス刑務所で、警備体制は全米で最高レベルといわれる。

１９９４年に設立され、敷地面積は東京ドーム３個分程度の約15万平方メートル。周囲には高さ３メートルの有刺鉄線が敷かれ、監視員と警察犬が常時パトロールしている。施設内には遠隔操作される約１５００の鋼鉄製の扉の他、監視カメラや動作感知器、圧力感知器まで設置されている。

受刑者は、最初の1年は独房に1日23時間監禁され、食事や運動はひとりと、他の囚人と徹底的に隔離される。独房に小さな窓がついているが、空と建物の壁がわずかに見えるだけ。受刑者が刑務所内での居場所を特定できないようにするためだ。これらの高度なセキュリティー体制が有効に機能しているためか、**ＡＤＸフローレンス刑務所では開設以来、ひとりの脱獄者も出していない。**

収監されているのは、連続郵便小包爆弾事件を起こしたセオドア・カジンスキーや、世界貿易センター爆破事件を起こしたラムジ・ユセフ、ボストンマラソン爆破事件の実行犯ジョハル・ツァルナエフ、メキシコの麻薬王ホアキン・グスマンなど筋金入りの凶悪犯ばかり。少々の悪事で入れられる刑務所でないことは確かだ。

212 中世ヨーロッパでは動物が裁判で裁かれた？

↓600年以上動物も裁判対象

現代社会で人間に危害を加えた動物は、動物園などで飼育されるか殺処分となる。だが中世のヨーロッパでは、人間と同じように裁判にかけられていた。

１４５６年にフランスのサヴィニー村で、豚が子どもを食い殺す事件が起きた。すると領主は豚を逮捕して牢屋に入れ、裁判官と検察官を呼び裁判を始めたのである。判決は死刑だったという。

こうした動物裁判は珍しいものではなく、12世紀から18世紀までの西欧諸国でよく行われていたという。しかも形式上のものではなく**動物にも弁護士がつくなど、人間と全く変わらない方法で裁かれた**のである。

起訴される動物は家畜と犬猫が大半だったが、虫や小動物も裁きの対象となった。１１２０年にはパリ近辺の農園を荒らす毛虫とネズミに出頭命令が下され、被告欠席のまま破門判決。１４８７年にはマコンのナメクジに退去勧告が発せられ、１５１０年には害獣として起訴されたモグラが、弁護によって土地の安全通行権を得ることもあった。この他にも、森が死刑判決で伐採。鐘や氷河といった無機物や自然現象までもが、公平な裁判で裁かれている。まるでコントのようだが、当時は真面目に裁判を行なっていたのだ。

動物の有罪件数は、確認できるだけでも１４２件。ある意味中世は、人間と動物が一番平等な社会だったのかもしれない。

参考文献

『観察する目が変わる動物学入門』浅場明莉・菊水健史著（ベレ出版）
『海辺で出遭うこわい生きもの』山本典暎著（幻冬舎）
『トリノトリビア』川上和人監修（西東社）
『怪奇探偵の調査ファイル　呪いの心霊ビデオ』小池壮彦著（扶桑社）
『ムー認定　驚異の超常現象』並木伸一郎著（学研プラス）
『慟哭の谷』木村盛武著（共同文化社）
『戦後事件史データファイル』日高恒太朗監修（新人物往来社）
『オオカミ少女はいなかった』鈴木光太郎著（新曜社）
『秘密結社の謎と陰謀にせまる本』ミステリーゾーン特捜班編（河出書房新社）
『秘密結社　世界を動かし続ける沈黙の集団』（日経ナショナルジオグラフィック社）
『図解　組織・結社』山北篤著（新紀元社）
『ドイツの秘密情報機関』関根伸一郎著（講談社）
『大杉榮　自由への疾走』鎌田慧著（岩波書店）
『中国の秘密結社』山田賢著（講談社）
『中国の歴史9』上田信著（講談社）
『逆転した日本史　～聖徳太子、坂本龍馬、鎖国が教科書から消える～』河井敦著（扶桑社）

『日本史「常識」はウソだらけ』加来耕三著（祥伝社）
『日本男色物語　奈良時代の貴族から明治の文豪まで』武光誠監修（カンゼン）
『鉄砲と日本人』鈴木眞哉著（筑摩書房）
『新解釈　関ヶ原合戦の真実　脚色された天下分け目の戦い』白峰旬著（宮帯出版社）
『天下分け目の関ヶ原の合戦はなかった』乃至雅彦・高橋陽介著（河出書房新社）
『鳥羽伏見の戦い』野口武彦著（中央公論新社）
『なぜ八幡神社が日本で一番多いのか【最強11神社】八幡・天神・稲荷・伊勢・出雲・春日・熊野・祇園・諏訪・白山・住吉の信仰系統』島田裕巳著（幻冬舎）
『沖縄の聖地　御嶽　神社の起源を問う』岡谷公二著（平凡社）
『禁足地巡礼』吉田悠軌著（扶桑社）
『武士の日本史』高橋昌明著（岩波書店）
『天皇・皇室を知る事典』小田部雄次著（東京堂出版）
『日本古代の歴史2　飛鳥と古代国家』篠川賢著（吉川弘文館）
『南北朝　日本史上初の全国的大乱の幕開け』林屋辰三郎著（朝日新聞出版）
『南朝全史　大覚寺統から後南朝へ』森茂暁著（講談社）
『戦国誕生　中世日本が終焉するとき』渡邊大門著（講談社）
『消えた戦国武将　帰雲城と内ケ嶋氏理』加来耕三著（メディアファクトリー）
『吾輩は天皇なり』藤巻一保著（学習研究社）
『日本の百年2　わき立つ民論』松本三之介著（筑摩書房）

『昭和天皇伝』伊藤之雄著（文藝春秋）
『昭和天皇と戦争』ピーター・ウエッツラー著／森山尚美訳（原書房）
『絶対に行けない世界の非公開区域99』ダニエル・スミス著／小野智子・片山美佳子訳（日経ナショナルジオグラフィック社）
『大人が読みたいニュートンの話』石川憲二著（日刊工業新聞社）
『モーツァルトの手紙』モーツァルト著／服部龍太郎訳（グーテンベルク21）
『告白（上）』ジャン・ジャック・ルソー著／桑原武夫訳（グーテンベルク21）
『永井荷風という生き方』松本哉著（集英社）
『笈の小文』松尾芭蕉著（知温出版）
『面白いほどよくわかる　世界の秘密結社』有沢玲著（日本文芸社）
『アジアから世界を動かす秘密結社「幇」と「墨子思想」のすべて』志波秀宇著（ヒカルランド）
『魂も死ぬ　霊魂についての一考察』内海聡著（三五館）
『切腹論考』八切止夫著（作品社）
『切腹　日本人の責任の取り方』山本博文著（光文社）
『振りこめ犯罪結社　200億円詐欺市場に生きる人々』鈴木大介著（宝島社）
『世界奇食大全』杉岡幸徳著（文藝春秋）
『失敗だらけの人類史　英雄たちの残念な決断』ステファン・ウェイア著／定木大介、吉田旬子訳（日経ナショナルジオグラフィック社）
『タワー　ランドマークから紐解く地域文化』津川康雄著（ミネルヴァ書房）

『いれずみの文化誌』小野友道著（河出書房新社）
『アンデス奇祭紀行』鈴木智子著（青弓社）『独裁の世界史』本村凌二著（NHK出版）
『ニュートン別冊　体の知識 体質編』（ニュートンプレス）
『狂気の科学』レト・U・シュナイダー著／石浦章一・宮下悦子訳（東京化学同人）
『続 狂気の科学』レト・U・シュナイダー著／石浦 章一・大塚 仁子・原田公夫訳（東京化学同人）
『第二の認知症　レビー小体型認知症がわかる本』川畑信也著（法研）
『世にも奇妙な人体実験の歴史』トレヴァー・ノートン著／赤根洋子訳（文藝春秋）
『グラフィック　心理学』北尾倫彦他著（サイエンス社）
『心は実験できるか 20 精気心理学実験物語』ローレン・スレイター著／岩坂彰訳（紀伊國屋書店）
『超心理学　封印された超常現象の科学』石川幹人（紀伊國屋書店）
『世界史を変えた13の病』ジェニファー・ライト著／鈴木涼子訳（原書房）
『死刑執行人の日本史　歴史社会学からの接近』櫻井悟史著（青弓社）
『血塗られた慈悲、笞打つ帝国。』ダニエル・V・ボツマン著／小林朋則訳（インターシフト）
『毒』船山信次著（ＰＨＰ研究所）
『世界の独裁国家がよくわかる本』橋本五郎監修（ＰＨＰ研究所）
『アパルトヘイト』山崎雅弘著（六角堂出版）
『動物裁判　西欧中世・正義のコスモス』池上俊一著（講談社）

怪しい噂の真相 禁断の雑学

2021年5月19日第1刷

編者　黒い雑学研究会
制作　オフィステイクオー（執筆協力：高貝誠）
発行人　山田有司
発行所　株式会社　彩図社《さいずしゃ》
〒170-0005
東京都豊島区南大塚3-24-4　MTビル
TEL 03-5985-8213　FAX 03-5985-8224
URL：https://www.saiz.co.jp
Twitter：https://twitter.com/saiz_sha
印刷所　新灯印刷株式会社

ISBN978-4-8013-0520-5 C0000
乱丁・落丁本はお取り替えいたします。